GRöls Verlage

„Bücher sind wie Fallschirme. Sie nützen uns nichts, wenn wir sie nicht öffnen."

Gröls Verlag

Redaktionelle Hinweise und Impressum

Das vorliegende Werk wurde zugunsten der Authentizität sehr zurückhaltend bearbeitet. So wurden etwa ursprüngliche Rechtschreibfehler regelmäßig *nicht* behoben, denn kleine Unvollkommenheiten machen das Buch – wie im Übrigen den Menschen – erst authentisch. Mitunter wurden jedoch zum Beispiel Absätze behutsam neu getrennt, um den Lesefluss zu erleichtern.

Um die Texte zu rekonstruieren, werden antiquarische Bücher von Lesegeräten gescannt und dann durch eine Software lesbar gemacht. Der so entstandene Text wird von Menschen gegengelesen und korrigiert – hierbei treten auch Fehler auf. Wenn Sie ebenfalls antiquarische Texte einreichen möchten, finden Sie weitere Informationen auf www.groels.de

Viel Freude bei der Lektüre wünscht Ihnen das Team des Gröls-Verlags.

Adressen

Verleger: Hermann-Josef Gröls,

Im Borngrund 26, 61440 Oberursel

Externer Dienstleister für Distribution & Herstellung:

BoD, In de Tarpen 42, 22848 Norderstedt

Unsere „Edition | Werke der Weltliteratur“ hat den Anspruch, eine der größten und vollständigsten Sammlungen klassischer Literatur in deutscher Sprache zu werden. Nach und nach versammeln wir hier nicht nur die „üblichen Verdächtigen“ von Goethe bis Schiller, sondern auch Kleinode der vergangenen Jahrhunderte, die – zu Unrecht – drohen, in Vergessenheit zu geraten. Wir kultivieren und kuratieren damit einen der wertvollsten Bereiche der abendländischen Kultur. Kleine Auswahl:

Francis Bacon • Neues Organon • **Balzac** • Glanz und Elend der Kurtisanen • **Joachim H. Campe** • Robinson der Jüngere • **Dante Alighieri** • Die Göttliche Komödie • **Daniel Defoe** • Robinson Crusoe • **Charles Dickens** • Oliver Twist • **Denis Diderot** • Jacques der Fatalist • **Fjodor Dostojewski** • Schuld und Sühne • **Arthur Conan Doyle** • Der Hund von Baskerville • **Marie von Ebner-Eschenbach** • Das Gemeindekind • **Elisabeth von Österreich** • Das Poetische Tagebuch • **Friedrich Engels** • Die Lage der arbeitenden Klasse • **Ludwig Feuerbach** • Das Wesen des Christentums • **Johann G. Fichte** • Reden an die deutsche Nation • **Fitzgerald** • Zärtlich ist die Nacht • **Flaubert** • Madame Bovary • **Gorch Fock** • Seefahrt ist not! • **Theodor Fontane** • Effi Briest • **Robert Musil** • Über die Dummheit • **Edgar Wallace** • Der Frosch mit der Maske • **Jakob Wassermann** • Der Fall Maurizius • **Oscar Wilde** • Das Bildnis des Dorian Grey • **Émile Zola** • Germinal • **Stefan Zweig** • Schachnovelle • **Hugo von Hofmannsthal** • Der Tor und der Tod • **Anton Tschechow** • Ein Heiratsantrag • **Arthur Schnitzler** • Reigen • **Friedrich Schiller** • Kabale und Liebe • **Nicolo Machiavelli** • Der Fürst • **Gotthold E. Lessing** • Nathan der Weise • **Augustinus** • Die Bekenntnisse des heiligen Augustinus • **Marcus Aurelius** • Selbstbetrachtungen • **Charles Baudelaire** • Die Blumen des Bösen • **Harriett Stowe** • Onkel Toms Hütte • **Walter Benjamin** • Deutsche Menschen • **Hugo Bettauer** • Die Stadt ohne Juden • **Lewis Caroll** • *und viele mehr….*

Berliner Kindheit um Neunzehnhundert

Walter Benjamin

Meinem lieben Stefan

O braungebackne Siegessäule mit Winterzucker aus den Kindertagen.

Sich in einer Stadt nicht zurechtfinden heißt nicht viel. In einer Stadt sich aber zu verirren, wie man in einem Walde sich verirrt, braucht Schulung. Da müssen Straßennamen zu dem Irrenden so sprechen wie das Knacken trockner Reiser und kleine Straßen im Stadtinnern ihm die Tageszeiten so deutlich wie eine Bergmulde widerspiegeln. Diese Kunst habe ich spät erlernt; sie hat den Traum erfüllt, von dem die ersten Spuren Labyrinthe auf den Löschblättern meiner Hefte waren. Nein, nicht die ersten, denn vor ihnen war das eine, welches sie überdauert hat. Der Weg in dieses Labyrinth, dem seine Ariadne nicht gefehlt hat, führte über die Bendlerbrücke, deren linde Wölbung die erste Hügelflanke für mich wurde. Unweit von ihrem Fuße lag das Ziel: der Friedrich Wilhelm und die Königin Luise. Auf ihren runden Sockeln ragten sie aus den Beeten wie gebannt von magischen Kurven, die ein Wasserlauf vor ihnen in den Sand schrieb. Lieber als an die Herrscher wandte ich mich aber an ihre Sockel, weil, was darauf vorging, wenn auch undeutlich im Zusammenhange näher im Raum war. Daß es mit diesem Irrgang etwas auf sich hat, erkannte ich seit jeher an dem breiten, banalen Vorplatz, der durch nichts verriet, daß hier, nur wenige Schritte von dem Korso der Droschken und Karossen abgelegen, der sonderbarste Teil des Parkes schläft. Davon empfing ich schon sehr früh ein Zeichen. Hier nämlich oder unweit muß ihr Lager jene Ariadne abgehalten haben, in deren Nähe ich zum ersten Male, und um es nie mehr zu vergessen, das begriff, was mir als Wort erst später zufiel: Liebe. Doch gleich an seiner Quelle taucht das „Fräulein" auf, das sich als kalter Schatten auf sie legte. Und so war dieser Park, der wie kein anderer den Kindern offen scheint, auch sonst für mich mit Schwierigem, Undurchführbarem verstellt. Wie selten unterschied ich die Fische im Goldfischteich. Wie viel versprach die Hofjägerallee mit ihrem Namen und wie wenig hielt sie. Wie oft suchte ich das Gebüsch umsonst, in dem mit roten, weißen, blauen Türmchen ein Kiosk im Stil der Ankersteinbaukästen stand. Wie hoffnungslos kehrt mit jedem Frühling meine Liebe zum Prinzen Louis Ferdinand zurück, zu dessen Füßen die ersten Krokus und Narzissen standen. Ein Wasserlauf, der mich von ihnen trennte, machte sie mir so unberührbar, als wenn sie unter einem Glassturz gestanden hätten.

So kalt im Schönen mußte fußen, was fürstlich ist, und ich begriff, warum Luise von Landau, mit der ich im Zirkel saß, bis sie gestorben war, am Lützowufer schräg gegenüber von der kleinen Wildnis hatte wohnen müssen, die ihre Blüten von den Wassern des Kanals betreuen läßt. Später entdeckte ich neue Winkel; über andere habe ich zugelernt. Jedoch kein Mädchen, kein Erlebnis und kein Buch konnte mir über diesen Neues sagen. Als darum dreißig Jahr danach ein Landeskundiger, ein Bauer von Berlin, sich meiner annahm, um nach langer gemeinsamer Entfernung aus der Stadt mit mir zurückzukehren, durchfurchten seine Pfade diesen Garten, in welchen er die Saat des Schweigens säte. Er ging die Steige voran, und ein jeder war ihm abschüssig. Sie führten hinab, wenn schon nicht zu den Müttern allen Seins, gewiß zu denen dieses Gartens. Im Asphalt, über den er hinging, weckten seine Schritte ein Echo. Das Gas, welches auf unser Pflaster schien, warf ein zweideutiges Licht auf diesen Boden. Die kleinen Treppen, die säulengetragenen Vorhallen, die Friese und Architrave der Tiergartenvillen – von uns zum ersten Male wurden sie beim Wort genommen. Vor allem aber die Treppenhäuser, die mit ihren Scheiben die alten waren, wenn sich auch im Innern, das man bewohnte, viel geändert hatte. Die Verse weiß ich noch, die nach der Schule die Intervalle meines Herzschlags füllten, wenn ich im Treppensteigen innehielt. Sie dämmerten mir von der Scheibe, wo ein Weib, schwebend wie die Sixtinische Madonna, einen Kranz in Händen haltend, aus der Nische trat. Die Riemen meiner Mappe mit den Daumen auf meinen Schultern lüftend, las ich ab: „Arbeit ist des Bürgers Zierde / Segen ist der Mühe Preis.“ Die Haustür unten sank mit einem Seufzen, wie ein Gespenst ins Grab, zurück ins Schloß. Draußen regnete es vielleicht. Eine der bunten Scheiben stand offen, und beim Takte der Tropfen ging es weiter die Treppe herauf. Unter den Karyatiden und Atlanten, den Putten und Pomonen aber, die mich damals angesehen hatten, waren mir nun die liebsten jene angestaubten aus dem Geschlecht der Schwellenkundigen, die den Schritt ins Dasein oder in ein Haus behüten. Denn sie verstanden sich aufs Warten.

Und so war es ihnen eins, ob sie auf einen Fremden warteten, die Wiederkehr der alten Götter oder auf das Kind, das sich vor dreißig Jahren mit der Mappe an ihrem Fuß vorbeigeschoben hat. In ihrem Zeichen wurde der alte Westen zum antiken, aus dem die westlichen Winde den Schiffern kommen, die ihren Kahn mit den Äpfeln der Hesperiden langsam den Landwehrkanal heraufflößen, um bei der Brücke des Herakles anzulegen. Und wieder hatten, wie in meiner Kindheit, die Hydra und der Nemeische Löwe Platz in der Wildnis um den Großen Stern.

Kaiserpanorama

Es war ein großer Reiz der Reisebilder, die man im Kaiserpanorama fand, daß gleichviel galt, bei welchem man die Runde anfing. Denn weil die Schauwand mit den Sitzgelegenheiten davor im Kreis verlief, passierte jedes sämtliche Stationen, von denen man durch je ein Fensterpaar in seine schwachgetönte Ferne sah. Platz fand man immer. Und besonders gegen das Ende meiner Kindheit, als die Mode den Kaiserpanoramen schon den Rücken kehrte, gewöhnte man sich, im halbleeren Zimmer rundzureisen. Musik, die später Reisen mit dem Film erschlaffend machte, weil durch sie das Bild, an dem die Phantasie sich nähren könnte, sich zersetzt – Musik gab es im Kaiserpanorama nicht. Mir aber scheint ein kleiner, eigentlich störender Effekt all dem verlogenen Zauber überlegen, den um Oasen Pastorales oder um Mauerreste Trauermärsche weben. Das war ein Klingeln, welches wenige Sekunden, eh das Bild ruckweise abzog, um erst eine Lücke und dann das nächste freizugeben, anschlug. Und jedesmal, wenn es erklang, durchtränkten die Berge bis auf ihren Fuß, die Städte in allen ihren spiegelblanken Fenstern, die fernen, malerischen Eingeborenen, die Bahnhöfe mit ihrem gelben Qualm, die Rebenhügel bis ins kleinste Blatt sich tief mit wehmutsvoller Abschiedsstimmung. Zum zweitenmal kam ich zur Überzeugung – denn vorher brachte sie fast regelmäßig der Anblick schon des ersten Bildes auf – daß es unmöglich sei, die Herrlichkeiten in dieser einen Sitzung auszuschöpfen. Und dann entstand der – nie befolgte – Vorsatz, am nächsten Tage nochmals herzukommen. Doch ehe ich mir völlig schlüssig war, erbebte der ganze Bau, von dem mich nur die Holzverschalung trennte; das Bild in seinem kleinen Rahmen wankte, um alsbald nach links vor meinen Blicken sich davonzumachen. Die Künste, die hier überdauerten, sind mit dem neunzehnten Jahrhundert aufgestanden. Nicht eben frühe, aber doch zur Zeit, um noch das Biedermeier zu begrüßen. Im Jahre 1822 hatte Daguerre sein Panorama in Paris eröffnet. Seitdem sind diese klaren, schimmernden Kassetten, die Aquarien der Ferne und Vergangenheit, auf allen modischen Korsos und Promenaden heimisch. Und hier wie in Passagen und Kiosken haben sie Snobs und Künstler gern beschäftigt, ehe sie die Kammer wurden, wo im Innern die Kinder mit dem Erdball Freundschaft schlossen, von dessen Kreisen der erfreulichste – der schönste, bilderreichste Meridian – sich durch das Kaiserpanorama zog. Als ich zum erstenmal dort eintrat, war die Zeit der zierlichsten Veduten längst vorbei. Der Zauber aber, dessen letztes Publikum die Kinder waren, hatte nichts verloren. So wollte er mich eines Nachmittags vorm

Transparent des Städtchens Aix bereden, ich hätte in dem olivenfarbenen Lichte, das durch die Platanenblätter auf den breiten Cours Mirabeau herabströmt, schon einmal zu einer Zeit gespielt, die freilich nichts mit andern Zeiten meines Lebens teilte. Denn dies war an den Reisen sonderbar: daß ihre ferne Welt nicht immer fremd und daß die Sehnsucht, die sie in mir weckte, nicht immer eine lockende ins Unbekannte, vielmehr bisweilen jene lindere nach einer Rückkehr ins Zuhause war. Das aber ist vielleicht das Werk des Gaslichts gewesen, das so sanft auf alles fiel. Und wenn es regnete, so brauchte ich mich nicht bei den Affichen aufzuhalten, auf welchen alle fünfzig Bilder pünktlich, in zwei Kolonnen, eingetragen waren – ich trat ins Innere und fand nun dort in Fjorden und auf Kokospalmen dasselbe Licht, das abends bei den Schularbeiten mir das Pult erhellte. Es sei denn, ein Defekt in der Beleuchtung erzeugte plötzlich jene seltene Dämmerung, in der die Farbe aus der Landschaft schwand. Dann lag sie unter einem Aschenhimmel verschwiegen da; es war, als hätte ich noch eben Wind und Glocken hören können, wenn ich nur besser achtgegeben hätte.

Die Siegessäule

Sie stand auf dem weiten Platz wie das rote Datum auf dem Abreißkalender. Mit dem letzten Sedantag hätte man sie abreißen sollen. Als ich klein war, konnte man aber ein Jahr ohne Sedantag sich nicht vorstellen. Nach Sedan blieben nur Paraden übrig. Als darum neunzehnhundertzwei Ohm Krüger nach dem verlorenen Burenkrieg die Tauentzienstraße entlanggefahren kam, da stand auch ich mit meiner Gouvernante in der Reihe. Denn unausdenkbar, einen Herrn nicht zu bestaunen, der im Zylinder in den Polstern lehnte und „einen Krieg geführt hatte“. So sagte man. Mir aber schien das prächtig und zugleich nicht ganz manierlich; so wie wenn der Mann ein Nashorn oder Dromedar „geführt“ hätte und damit so berühmt geworden wäre. Was konnte denn nach Sedan kommen? Mit der Niederlage der Franzosen schien die Weltgeschichte in ihr glorreiches Grab gesunken, über dem diese Säule die Stele war und auf das die Siegesallee mündete. Als Quartaner beschritt ich die breiten Stufen, die zu ihren marmornen Herrschern führten, nicht ohne dunkel vorher zu fühlen, wie mancher privilegierte Aufgang sich später mir gleich diesen Freitreppchen erschließen werde, und dann wandte ich mich zu den beiden Vasallen, die zur Rechten und Linken die Rückwand krönten, teils weil sie niedriger als ihre Herrscher und bequem in Augenschein zu nehmen waren, teils weil die Gewißheit mich erfüllte, meine Eltern von den gegenwärtigen Machthabern nicht soviel weiter entfernt zu wissen als diese Würdenträger von den ehemaligen. Ich liebte aber unter ihnen am meisten den, der die unermeßliche Kluft zwischen Schüler und Staatsperson auf seine eigene Weise überbrückte. Das war ein Bischof, welcher in der Hand den Dom hielt, der ihm unterstellt und hier so klein war, daß ich ihn mit dem Ankersteinbaukasten hätte bauen können. Seitdem bin ich auf keine Heilige Katharina gestoßen, ohne nach ihrem Rad, auf keine Heilige Barbara, ohne nach ihrem Turm mich umzusehen. Man hatte nicht versäumt, mir zu erklären, woher der Schmuck der Siegessäule stammt. Ich hatte aber nicht genau erfaßt, was es mit den Kanonenrohren, die ihn bilden, auf sich hatte: ob die Franzosen mit goldenen in den Krieg gezogen waren oder ob das Gold, welches wir ihnen abgenommen hatten, von uns erst zu Kanonen war gegossen worden. Es ging mir damit wie mit meinem Prachtwerk, der illustrierten Chronik dieses Krieges, die so schwer auf mir lag, weil ich sie nie beendete. Sie interessierte mich; ich kannte mich gut auf den Plänen ihrer Schlachten aus; und dennoch wuchs die Unlust, die für mich von ihrem goldgepreßten Deckel ausging. Noch weniger glimpflich aber dämmerte das Gold vom Freskenzyklus des Umgangs, der den unteren Teil der Siegessäule verkleidete. Ich habe diesen Raum, den ein gedämpftes, von seiner Rückwand reflektiertes Licht erfüllte, nie betreten; ich fürchtete, dort Schilderungen in der Art derjenigen zu finden, die ich nie ohne Entsetzen in den Stahlstichen Dorés zu Dantes „Hölle" aufgeschlagen hatte. Es schienen mir die Helden, deren Taten dort in der Säulenhalle dämmerten, im stillen ebenso verrufen wie die Scharen, die von Wirbelwinden gepeitscht, in blutende Baumstümpfe eingefleischt, in Gletscherblöcken vereist im finsteren Trichter schmachteten. So war denn dieser Umgang das Inferno, das rechte Widerspiel des Gnadenkreises, der oben um die strahlende Viktoria lief. An manchen Tagen standen Leute droben. Vorm Himmel schienen sie mir schwarz umrandet wie die Figurinen der Klebebilderbogen. Nahm ich nicht Schere oder Leimtopf nur zur Hand, um, nach getaner Arbeit, solche Püppchen vor den Portalen, hinter Büschen, zwischen Pfeilern, und wo es sonst mich lockte, zu verteilen? Geschöpfe solcher seligen Willkür waren droben im Licht die Leute. Ewiger Sonntag war um sie. Oder war es nicht ein ewiger Sedantag?

Das Telephon

Es mag am Bau der Apparate oder der Erinnerung liegen – gewiß ist, daß im Nachhall die Geräusche der ersten Telephongespräche mir sehr anders in den Ohren liegen als die heutigen. Es waren Nachtgeräusche. Keine Muse vermeldet sie. Die Nacht, aus der sie kamen, war die gleiche, die jeder wahren Neugeburt vorhergeht. Und eine neugeborene war die Stimme, die in den Apparaten schlummerte. Auf Tag und Stunde war das Telephon mein Zwillingsbruder. Und so durfte ich erleben, wie es die Erniedrigung der Frühzeit in seiner stolzen Laufbahn überwand. Denn als Kronleuchter, Ofenschirm und Zimmerpalme, Konsole, Gueridon und Erkerbrüstung, die damals in den Vorderzimmern prangten, schon längst verdorben und gestorben waren, hielt, einem sagenhaften Helden gleich, der in der Bergschlucht ausgesetzt gewesen, den dunklen Korridor im Rücken lassend, der Apparat den königlichen Einzug in die gelichteten und helleren, nun von einem jüngeren Geschlecht bewohnten Räume. Ihm wurde er der Trost der Einsamkeit. Den Hoffnungslosen, die diese schlechte Welt verlassen wollten, blinkte er mit dem Licht der letzten Hoffnung. Mit den Verlassenen teilte er ihr Bett. Auch stand er im Begriff, die schrille Stimme, die er aus dem Exil behalten hatte, zu einem warmen Summen abzudämpfen. Denn was bedurfte es noch mehr an Stätten, wo alles seinem Anruf entgegenträumte oder ihn zitternd wie ein Sünder erwartete. Nicht viele, die heute ihn benutzen, wissen noch, welche Verheerungen einst sein Erscheinen im Schoße der Familien verursacht hat. Der Laut, mit dem er zwischen zwei und vier, wenn wieder ein Schulfreund mich zu sprechen wünschte, anschlug, war ein Alarmsignal, das nicht allein die Mittagsruhe meiner Eltern, sondern die weltgeschichtliche Epoche störte, in deren Mitte sie sich ihr ergaben. Meinungsverschiedenheiten mit den Ämtern waren die Regel, ganz zu schweigen von den Drohungen und Donnerworten, die mein Vater gegen die Beschwerdestelle ausstieß. Doch seine eigentlichen Orgien galten der Kurbel, der er sich minutenlang und bis zur Selbstvergessenheit verschrieb. Und seine Hand war wie ein Derwisch, der der Wollust seines Taumels unterliegt. Mir aber schlug das Herz, ich war gewiß, in solchen Fällen drohe der Beamtin als Strafe ihrer Säumigkeit ein Schlag. In diesen Zeiten hing das Telephon entstellt und ausgestoßen zwischen der Truhe für die schmutzige Wäsche und dem Gasometer in einem Winkel des Hinterkorridors, von wo sein Läuten die Schrecken der Berliner Wohnung nur steigerte. Wenn ich dann, meiner Sinne kaum mehr mächtig, nach langem Tasten durch den finstern Schlauch, anlangte, um den Aufruhr abzustellen, die beiden Hörer, welche das Gewicht von Hanteln hatten, abriß und den Kopf dazwischen preßte, war ich gnadenlos der Stimme ausgeliefert, die da sprach. Nichts war, was die unheimliche Gewalt, mit der sie auf mich eindrang, milderte. Ohnmächtig litt ich, wie sie die Besinnung auf Zeit und Pflicht und Vorsatz mir entwand, die eigene Überlegung nichtig machte, und wie das Medium der Stimme, die von drüben seiner sich bemächtigt, folgt, ergab ich mich dem ersten besten Vorschlag, der durch das Telephon an mich erging.

Schmetterlingsjagd

Gelegentlicher Sommerreisen unbeschadet, bezogen wir, ehe ich zur Schule ging, alljährlich Sommerwohnungen in der Umgebung. An sie erinnerte noch lange an der Wand meines Knabenzimmers der geräumige Kasten mit den Anfängen einer Schmetterlingssammlung, deren älteste Exemplare in dem Garten am Brauhausberge erbeutet waren. Kohlweißlinge mit abgestoßenen Rändern, Zitronenfalter mit zu blanken Flügeln vergegenwärtigten die heißen Jagden, die mich so oft von den gepflegten Gartenwegen fort in eine Wildnis gelockt hatten, in welcher ich ohnmächtig der Verschwörung von Wind und Düften, Laub und Sonne gegenüberstand, die dem Flug der Schmetterlinge gebieten mochten. Sie flatterten auf eine Blüte zu, sie standen über ihr. Den Kescher angehoben, erwartete ich nur noch, daß der Bann, der von der Blüte auf das Flügelpaar zu wirken schien, sein Werk vollendet habe, da entglitt der zarte Leib mit leisen Stößen seitwärts, um genau so reglos eine andere Blüte zu beschatten und genau so plötzlich, ohne sie berührt zu haben, sie zu lassen. Wenn so ein Fuchs oder Ligusterschwärmer, den ich gemächlich hätte überholen können, durch Zögern, Schwanken und Verweilen mich zum Narren machte, dann hätte ich gewünscht, in Licht und Luft mich aufzulösen, nur um ungemerkt der Beute mich zu nähern und sie überwältigen zu können. Und so weit ging der Wunsch mir in Erfüllung, daß jedes Schwingen oder Wiegen der Flügel, in die ich vergafft war, mich selbst anwehte oder überrieselte. Es begann die alte Jägersatzung zwischen uns zu herrschen: je mehr ich selbst in allen Fibern mich dem Tier anschmiegte, je falterhafter ich im Innern wurde, desto mehr nahm dieser Schmetterling in Tun und Lassen die Farbe menschlicher Entschließung an, und endlich war es, als ob sein Fang der Preis sei, um den einzig ich meines Menschendaseins wieder habhaft werden könne. Doch wenn es dann vollbracht war, wurde es ein mühevoller Weg, bis ich vom Schauplatz meines Jagdglücks an das Lager vorgedrungen war, wo Äther, Watte, Nadeln mit bunten Köpfen und Pinzetten in der Botanisiertrommel zum Vorschein kamen. Und wie lag das Revier in meinem Rücken! Gräser waren geknickt, Blumen zertreten worden; der Jagende selber hatte als Dreingabe den eignen Körper seinem Kescher nachgeworfen; und über so viel Zerstörung, Plumpheit und Gewalt hielt zitternd und dennoch voller Anmut sich in einer Falte des Netzes der erschrockene Schmetterling. Auf diesem mühevollen Wege ging der Geist des Todgeweihten in den Jäger ein. Die fremde Sprache, in welcher dieser Falter und die Blüten vor seinen Augen sich verständigt hatten – nun hatte er einige Gesetze ihr abgewonnen. Seine Mordlust war geringer, seine Zuversicht um so viel größer geworden. Die Luft jedoch, in der sich dieser Falter damals wiegte, ist heute ganz durchtränkt von einem Wort, das seit Jahrzehnten nie mehr mir zu Ohren noch über meine Lippen gekommen ist. Es hat das Unergründliche bewahrt, womit die Namen der Kindheit dem Erwachsenen entgegentreten. Langes Verschwiegenwordensein hat sie verklärt. So zittert durch die schmetterlingserfüllte Luft das Wort „Brauhausberg". Auf dem Brauhausberge bei Potsdam hatten wir unsere Sommerwohnung.

Aber der Name hat alle Schwere verloren, enthält von einem Brauhaus überhaupt nichts mehr und ist allenfalls ein von Bläue umwitterter Berg, der im Sommer sich aufbaute, um mich und meine Eltern zu behausen. Und darum liegt das Potsdam meiner Kindheit in so blauer Luft, als wären seine Trauermäntel oder Admirale, Tagpfauenaugen und Aurorafalter über eine der schimmernden Emaillen von Limoges verstreut, auf denen die Zinnen und Mauern Jerusalems vom dunkelblauen Grunde sich abheben.

Abreise und Rückkehr

Der Lichtstreif unter der Schlafzimmertür, am Vorabend, wenn die andern noch auf waren, – war er nicht das erste Reisesignal? Drang er nicht in die Kindernacht voller Erwartung wie später in die Nacht eines Publikums der Lichtstreif unter dem Bühnenvorhang? Ich glaube, das Traumschiff, das einen damals abholte, ist oft über den Lärm der Gesprächswogen und die Gischt des Tellergeklappers vor unsere Betten geschwankt, und am frühen Morgen hat es uns abgesetzt, fiebrig, als wenn wir die Fahrt schon hinter uns hätten, die wir eben erst antreten sollten. Fahrt in einer ratternden Droschke, die den Landwehrkanal entlang fuhr und in der mir plötzlich das Herz schwer wurde. Gewiß nicht wegen des Kommenden oder des Abschieds; sondern das öde Beisammensitzen, das noch anhielt, noch dauerte, nicht vom Anhauch der Reise wie ein Gespenst vor der Morgendämmerung verflogen war, überschlich mich mit Traurigkeit. Aber nicht lange.

Denn wenn der Wagen die Chausseestraße hinter sich hatte, war ich wieder mit den Gedanken unserer Bahnfahrt vorangeeilt. Seither münden für mich die Dünen Koserows oder Wenningstedts hier in der Invalidenstraße, wo den andern die Sandsteinmassen des Stettiner Bahnhofs entgegentreten. Meist aber war in der Frühe das Ziel ein näheres. Nämlich der „Anhalter", laut des Namens Mutterhöhle der Eisenbahnen, wo die Lokomotiven zu Hause sein und die Züge anhalten mußten. Keine Ferne war ferner, als wo im Nebel seine Gleise zusammenliefen. Doch auch die Nähe, die mich eben noch umfangen hatte, rückte ab. Die Wohnung lag der Erinnerung verwandelt vor. Mit ihren Teppichen, die eingerollt, den Lüstern, die in Sackleinwand vernäht, den Sesseln, die überzogen waren, mit dem Halblicht, das durch die Jalousien sickerte, gab sie, indem wir eben erst den Fuß aufs Trittbrett unseres D-Zug-Wagens setzten, der Erwartung von fremden Sohlen, leisen Tritten Raum, die, vielleicht bald, über die Dielen schleifend, Diebsspuren in den Staub einzeichnen sollten, der seit einer Stunde gemächlich seine Niederlassungen bezog. Daher geschah es, daß ich jedesmal als Heimatloser aus den Ferien kam. Und noch die letzte Kellerhöhle, wo die Lampe schon brannte – nicht erst zu entzünden war – schien mir beneidenswert, mit unserer Wohnung verglichen, die im Westen dunkelte. So boten bei der Heimkehr aus Bansin oder aus Hahnenklee die Höfe mir viel kleine, traurige Asyle an. Dann freilich schloß die Stadt sie wieder ein, als reue ihre Hilfsbereitschaft sie. Wenn dennoch einmal der Zug vor ihnen zögerte, so war es, weil ein Signal kurz vor der Einfahrt uns die Strecke sperrte. Je langsamer er fuhr, desto schneller zerging die Hoffnung, hinter Brandmauern der nahen Elternwohnung zu entkommen. Doch diese überzähligen Minuten, eh alles aussteigt, stehen heute noch in meinen Augen. Mancher Blick hat sie vielleicht gestreift wie in den Höfen. Fenster, die in schadhaften Mauern stecken und hinter denen eine Lampe brennt.

Zu spät gekommen

Die Uhr im Schulhof sah beschädigt aus durch meine Schuld. Sie stand auf „zu spät". Und auf den Flur drang aus den Klassentüren, die ich streifte, Murmeln von geheimer Beratung. Lehrer und Schüler dahinter waren Freund. Oder alles schwieg still, als erwarte man einen. Unhörbar rührte ich die Klinke an. Die Sonne tränkte den Flecken, wo ich stand. So schändete ich meinen grünen Tag und öffnete. Niemand schien mich zu kennen. Wie der Teufel den Schatten des Peter Schlemihl, hatte der Lehrer mir meinen Namen bei Beginn der Stunde einbehalten. Ich sollte nicht mehr an die Reihe kommen. Leise schaffte ich mit bis Glockenschlag. Aber es war kein Segen dabei.

Wintermorgen

Die Fee, bei der er einen Wunsch frei hat, gibt es für jeden. Allein nur wenige wissen sich des Wunsches zu entsinnen, den sie taten; nur wenige erkennen darum später im eignen Leben die Erfüllung wieder. Ich weiß den, der mir in Erfüllung ging, und will nicht sagen, daß er klüger gewesen ist als der der Märchenkinder. Er bildete sich in mir mit der Lampe, wenn sie am frühen Wintermorgen um halb sieben sich meinem Bette näherte und den Schatten des Kindermädchens an die Decke warf. Im Ofen wurde Feuer angezündet. Bald sah die Flamme, wie in ein viel zu kleines Schubfach eingepfercht, wo sie vor Kohlen kaum sich rühren konnte, zu mir hin. Und doch war es ein so Gewaltiges, das dort in nächster Nähe, kleiner als ich selbst, sich einzurichten anfing, und zu dem die Magd sich tiefer bücken mußte als zu mir. Wenn es versorgt war, tat sie einen Apfel zum Braten in die Ofenröhre. Bald zeichnete sich das Gatter der Kamintür im roten Flackern auf der Diele ab. Und meiner Müdigkeit kam vor, sie habe an diesem Bilde für den Tag genug. So war es um diese Stunde immer; nur die Stimme des Kindermädchens störte den Vollzug, mit dem der Wintermorgen mich den Dingen in meinem Zimmer anzutrauen pflegte.

Noch war die Jalousie nicht hochgezogen, da schob ich schon zum erstenmal den Riegel der Ofentür beiseite, um dem Apfel in seiner Röhre nachzuspüren. Manchmal hatte er sein Arom noch kaum verändert. Und dann geduldete ich mich, bis ich den schaumigen Duft zu wittern glaubte, der aus einer tieferen und verschwiegeneren Zelle des Wintertages kam als selbst der Duft des Baums am Weihnachtsabend. Da lag die dunkle, warme Frucht, der Apfel, der sich, vertraut und doch verändert wie ein guter Bekannter, der verreist war, bei mir einfand. Es war die Reise durch das dunkle Land der Ofenhitze, der er die Arome von allen Dingen abgewonnen hatte, welche der Tag mir in Bereitschaft hielt. Und darum war es auch nicht sonderbar, daß immer, wenn ich an seinen blanken Wangen meine Hände wärmte, ein Zögern mich beschlich, ihn anzubeißen. Ich spürte, daß die flüchtige Kunde, die er in seinem Dufte brachte, allzu leicht mir auf dem Wege über meine Zunge entkommen könne. Jene Kunde, die mich manchmal so beherzte, daß sie mich noch auf dem Marsch zur Schule tröstete. Dort angelangt, kam freilich bei Berührung mit meiner Bank die ganze Müdigkeit, die erst verflogen schien, verzehnfacht wieder. Und mit ihr jener Wunsch: ausschlafen zu können. Ich habe ihn wohl tausendmal getan und später ging er wirklich in Erfüllung. Doch lange dauerte es, bis ich sie darin erkannte, daß noch jedesmal die Hoffnung, die ich auf Stellung und ein sicheres Brot gehegt hatte, umsonst gewesen war.

Steglitzer Ecke Genthiner

In jede Kindheit ragten damals noch die Tanten, die ihr Haus nicht mehr verließen, die immer, wenn wir mit der Mutter zu Besuch erschienen, auf uns gewartet hatten, immer unter dem gleichen schwarzen Häubchen und im gleichen Seidenkleide, aus dem gleichen Lehnstuhl, vom gleichen Erkerfenster uns willkommen hießen. Wie Feen, die ein ganzes Tal durchwirken, ohne noch je darein hinabzusteigen, durchwalteten sie ganze Straßenzüge, ohne jemals in ihnen zu erscheinen. Zu diesen Wesen zählte Tante Lehmann. Ihr guter norddeutscher Name bürgte für ihr Recht, ein Menschenalter lang den Erker zu behaupten, unter dem die Steglitzer in die Genthiner Straße mündet. Die Ecke zählt zu denen, die der Wandel der letzten dreißig Jahre kaum berührte. Nur daß in dieser Zeit der Schleier, der sie mir als Kind verhüllte, fiel. Denn damals hieß sie mir noch nicht nach Steglitz. Der Vogel Stieglitz schenkte ihr den Namen. Und hauste nicht die Tante wie ein Vogel, der reden kann, in ihrem Bauer? Stets wenn ich ihn betrat, war er erfüllt vom Zwitschern dieses kleinen, schwarzen Vogels, der über alle Nester und Gehöfte der Mark, wo seine Sippe einst verstreut gesessen hatte, hinweggeflogen war und beider Namen – der Dörfer und der Sippschaft – die so oft genau die gleichen waren, im Gedächtnis hatte. Die Tante wußte die Verschwägerungen, Wohnsitze, Glücks- und Unglücksfälle all der Schoenflies, Rawitschers, Landsbergs, Lindenheims und Stargards, die einst als Vieh- oder Getreidehändler im Märkischen und Mecklenburgischen gesessen hatten.

Nun aber waren ihre Söhne und vielleicht schon Enkel hier im alten Westen heimisch, in Straßen, die die Namen preußischer Generäle und manchmal auch der kleinen Städte trugen, aus denen sie hierher gezogen waren. Oft wenn in späteren Jahren mein Expreß an solchen abgeschiedenen Flecken vorüberjagte, sah ich vom Bahndamm aus auf Katen, Höfe, Scheuern und Giebel und ich fragte mich: Sind es vielleicht nicht gerade diese hier gewesen, deren Schatten die Eltern jener alten Mütterchen, bei denen ich als kleiner Junge eintrat, vor Zeiten hinter sich gelassen haben.

Dort bot mir eine brüchige und spröde Stimme gläsern den guten Tag. Doch war sie nirgends so fein gesponnen und auf das gestimmt, was mich erwartete, wie Tante Lehmanns. Kaum war ich nämlich eingetreten, trug sie Sorge, daß man den großen Glaswürfel vor mich stellte, der ein ganzes lebendiges Bergwerk in sich schloß, worin sich kleine Knappen, Hauer, Steiger mit Karren, Hämmern und Laternen pünktlich im Takte eines Uhrwerks regten. Dies Spielzeug – wenn man es so nennen darf – entstammte einer Zeit, die auch dem Kind des reichen Bürgerhauses noch den Blick auf Arbeitsplätze und Maschinen gönnte. Und unter ihnen allen war das Bergwerk von jeher ausgezeichnet, weil es nicht nur die Schätze wies, die eine harte Arbeit zum Nutzen aller Tüchtigen ihm entwand, sondern auch jenen Silberblick aus seinen Adern, an den das Biedermeier mit Jean Paul, Novalis, Tieck und Werner sich verloren hatte. Doppelt verwahrt war diese Erkerwohnung, wie es für Räume sich gehörte, die so Kostbares in sich zu bergen hatten. Gleich nach dem Haustor fand sich links im Flur die dunkle Tür zur Wohnung mit der Schelle. Wenn sie sich vor mir auftat, führte, steil und atemraubend, eine Stiege aufwärts, wie ich es später nur noch in Bauernhäusern gefunden habe.

Im Schein des trüben Gaslichts, das von oben kam, stand eine alte Dienerin, in deren Schutz ich gleich darauf die zweite Schwelle, die zur Diele dieser düstern Wohnung führte, überschritt. Ich hätte sie mir aber ohne eine von diesen Alten gar nicht denken können. Weil sie mit ihrer Herrschaft einen Schatz, wenn auch verschwiegener Erinnerungen teilten, verstanden sie sie nicht allein aufs Wort, sondern vermochten sie vor jedem Fremden mit allem Anstand zu vertreten. Vor keinem aber leichter als vor mir, auf den sie meist viel besser sich verstanden als die Herrschaft. Und dafür hatte ich dann wieder Blicke der Ehrfurcht, ja Bewunderung für sie. Sie waren, nicht nur leiblich, meist massiver, gewaltiger als die Gebieterinnen, und es kam vor, daß der Salon da drinnen, trotz Bergwerk oder Schokolade, mir nicht so viel zu sagen hatte wie das Vestibül, in dem die alte Stütze, wenn ich kam, das Mäntelchen wie eine Last mir abnahm und, wenn ich ging, die Mütze mir, als wenn sie mich segnen wollte, in die Stirne drückte.

Die Speisekammer

Im Spalt des kaum geöffneten Speiseschranks drang meine Hand wie ein Liebender durch die Nacht vor. War sie dann in der Finsternis zu Hause, tastete sie nach Zucker oder Mandeln, nach Sultaninen oder Eingemachtem. Und wie der Liebhaber, ehe er's küßt, sein Mädchen umarmt, hatte der Tastsinn mit ihnen ein Stelldichein, ehe der Mund ihre Süßigkeit kostete. Wie gab der Honig, gaben Haufen von Korinthen, gab sogar Reis sich schmeichelnd in die Hand. Wie leidenschaftlich dies Begegnen beider, die endlich nun dem Löffel entronnen waren. Dankbar und wild wie eine, die man aus dem Elternhause sich geraubt hat, gab hier die Erdbeermarmelade ohne Semmel und gleichsam unter Gottes freiem Himmel sich zu schmecken, und selbst die Butter erwiderte mit Zärtlichkeit die Kühnheit eines Werbers, der in ihre Mägdekammer vorstieß. Die Hand, der jugendliche Don Juan, war bald in alle Zellen und Gelasse eingedrungen, hinter sich rinnende Schichten und strömende Mengen: Jungfräulichkeit, die ohne Klagen sich erneuerte.

Erwachen des Sexus

In einer jener Straßen, die ich später auf Wanderungen, die kein Ende nahmen, nachts durchstreifte, überraschte mich, als es an der Zeit war, das Erwachen des Geschlechtstriebs unter den sonderbarsten Umständen. Es war am jüdischen Neujahrstage und die Eltern hatten Anstalten getroffen, in irgendeiner gottesdienstlichen Feier mich unterzubringen. Wahrscheinlich handelte es sich um die Reformgemeinde, der meine Mutter aus Familientradition einige Sympathie entgegenbrachte, während meinem Vater von Hause aus der orthodoxe Ritus vertraut war. Er mußte aber nachgeben. Man hatte mich für diesen Feiertag einem entfernteren Verwandten anbefohlen, den ich abholen sollte. Aber sei es, daß ich dessen Adresse vergessen hatte, sei es, daß ich mich in der Gegend nicht zurechtfand – es wurde später und später und mein Umherirren immer aussichtsloser. Selbständig in die Synagoge mich zu trauen, konnte gar nicht in Frage kommen, denn mein Beschützer hatte die Einlaßkarten. An meinem Mißgeschicke trug die Hauptschuld Abneigung gegen den fast Unbekannten, auf den ich angewiesen war, und Argwohn gegen die religiösen Zeremonien, die nur Verlegenheit in Aussicht stellten. Da überkam mich, mitten in meiner Ratlosigkeit, mit einem Male eine heiße Welle der Angst – „zu spät, die Synagoge ist verpaßt“ –, noch ehe sie verebbt war, ja genau im gleichen Augenblicke aber eine zweite vollkommener Gewissenlosigkeit – „das alles mag laufen wie es will, mich geht's nichts an“. Und beide Wellen schlugen unaufhaltsam im ersten großen Lustgefühl zusammen, in dem die Schändung des Feiertags sich mit dem Kupplerischen der Straße mischte, die mich hier zuerst die Dienste ahnen ließ, welche sie den erwachten Trieben leisten sollte.

Eine Todesnachricht

Man hat das déjà vu oft beschrieben. Ist die Bezeichnung eigentlich glücklich? Sollte man nicht von Begebenheiten reden, welche uns betreffen wie ein Echo, von dem der Hall, der es erweckte, irgendwann im Dunkel des verflossenen Lebens ergangen scheint. Im übrigen entspricht dem, daß der Chock, mit dem ein Augenblick als schon gelebt uns ins Bewußtsein tritt, meist in Gestalt von einem Laut uns zustößt. Es ist ein Wort, ein Rauschen oder Pochen, dem die Gewalt verliehen ist, unvorbereitet uns in die kühle Gruft des Einst zu rufen, von deren Wölbung uns die Gegenwart nur als ein Echo scheint zurückzuhallen. Seltsam, daß man noch nicht dem Gegenbild dieser Entrückung nachgegangen ist – dem Chock, mit dem ein Wort uns stutzen macht wie ein vergessener Muff in unserm Zimmer. Wie uns dieser auf eine Fremde schließen läßt, die da war, so gibt es Worte oder Pausen, die uns auf jene unsichtbare Fremde schließen lassen: die Zukunft, welche sie bei uns vergaß. Ich mag fünf Jahre alt gewesen sein. An einem Abend – ich lag bereits im Bett – erschien mein Vater. Wahrscheinlich um mir gute Nacht zu sagen. Es war halb gegen seinen Willen, denke ich, daß er die Nachricht vom Tode eines Vetters mir erzählte. Das war ein älterer Mann, der mich nichts anging. Mein Vater aber gab die Nachricht mit allen Einzelheiten. Er beschrieb, auf meine Frage, was ein Herzschlag sei, und war weitschweifig. Von der Erzählung nahm ich nicht viel auf. Wohl aber habe ich an diesem Abend mein Zimmer und mein Bett mir eingeprägt wie man sich einen Ort genauer merkt, von dem man ahnt, man werde eines Tages etwas Vergessenes von dort holen müssen. Nach vielen Jahren erst erfuhr ich, was. In diesem Zimmer hatte mir mein Vater ein Stück der Neuigkeit verschwiegen. Nämlich der Vetter war an Syphilis gestorben.

Markthalle Magdeburger Platz

Vor allem denke man nicht, daß es Markt-Halle hieß. Nein, man sprach „Mark-Thalle", und wie diese beiden Wörter in der Gewohnheit des Sprechens verschliffen waren, daß keines seinen ursprünglichen Sinn beibehielt, so waren in der Gewohnheit meines Gangs durch diese Halle verschliffen alle Bilder, welche sie gewährte, so daß ihrer keines sich dem ursprünglichen Begriff von Einkauf oder Verkauf darbot. Hatte man den Vorraum mit den schweren, in kräftigen Spiralen schwingenden Türen hinter sich gelassen, heftete sich der erste Blick auf Fliesen, die von Fischwasser oder Spülwasser schlüpfrig waren und auf denen man leicht auf Karotten ausgleiten konnte oder auf Lattichblättern. Hinter Drahtverschlägen, jeder behaftet mit einer Nummer, thronten die schwerbeweglichen Weiber, Priesterinnen der käuflichen Ceres, Marktweiber aller Feld- und Baumfrüchte, aller eßbaren Vögel, Fische und Säuger, Kupplerinnen, unantastbare strickwollene Kolosse, welche von Stand zu Stand mit einander, sei es mit einem Blitzen der großen Knöpfe, sei es mit einem Klatschen auf ihre

Schürze, sei es mit busenschwellendem Seufzen, verkehrten. Brodelte, quoll und schwoll es nicht unterm Saum ihrer Röcke, war nicht dies der wahrhaft fruchtbare Boden? Warf nicht in ihren Schoß ein Marktgott selber die Ware: Beeren, Schaltiere, Pilze, Klumpen von Fleisch und Kohl, unsichtbar beiwohnend ihnen, die sich ihm gaben, während sie träge, gegen Tonnen gelehnt oder die Waage mit schlaffen Ketten zwischen den Knien, schweigend die Reihen der Hausfrauen musterten, die mit Taschen und Netzen beladen mühsam die Brut vor sich durch die glatten, stinkenden Gassen zu steuern suchten. Wenn es dann aber dämmerte und man müde wurde, sank man tiefer als ein erschöpfter Schwimmer. Endlich trieb man im lauen Strom stummer Kunden dahin, die wie Fische auf die stachligen Riffe glotzten, wo die schwammigen Najaden sich's wohl sein ließen.

Verstecke

Ich kannte in der Wohnung schon alle Verstecke und kam in sie wie in ein Haus zurück, in dem man sicher ist, alles beim alten zu finden. Mir schlug das Herz, ich hielt den Atem an. Hier war ich in die Stoffwelt eingeschlossen. Sie ward mir ungeheuer deutlich, kam mir sprachlos nah. So wird erst einer, den man aufhängt, inne, was Strick und Holz sind. Das Kind, das hinter der Portiere steht, wird selbst zu etwas Wehendem und Weißem, zum Gespenst. Der Eßtisch, unter den es sich gekauert hat, läßt es zum hölzernen Idol des Tempels werden, wo die geschnitzten Beine die vier Säulen sind. Und hinter einer Türe ist es selber Tür, ist mit ihr angetan als schwerer Maske und wird als Zauberpriester alle behexen, die ahnungslos eintreten. Um keinen Preis darf es gefunden werden. Wenn es Gesichter schneidet, sagt man ihm, braucht nur die Uhr zu schlagen und es muß so bleiben. Was Wahres daran ist, erfuhr ich im Versteck. Wer mich entdeckte, konnte mich als Götzen unterm Tisch erstarren machen, für immer als Gespenst in die Gardine mich verweben, auf Lebenszeit mich in die schwere Tür bannen. Ich ließ darum mit einem lauten Schrei den Dämon, der mich so verwandelte, ausfahren, wenn der Suchende mich griff – ja, wartete den Augenblick nicht ab und kam mit einem Schrei der Selbstbefreiung ihm zuvor. Darum wurde ich den Kampf mit dem Dämon nicht müde. Die Wohnung war dabei das Arsenal der Masken. Doch einmal jährlich lagen an geheimnisvollen Stellen, in ihren leeren Augenhöhlen, ihrem starren Mund, Geschenke, die magische Erfahrung wurde Wissenschaft. Die düstere Wohnung entzauberte ich als ihr Ingenieur und suchte Ostereier.

Zwei Rätselbilder

Unter den Ansichtskarten meiner Sammlung gab es einige wenige, deren Schriftseite mir deutlicher in der Erinnerung haftet als ihr Bild. Sie trugen die schöne, leserliche Unterschrift: Helene Pufahl. Das war der Name meiner Lehrerin. Das P, mit dem er anhob, war das P von Pflicht, von Pünktlichkeit, von Primus; f hieß folgsam, fleißig, fehlerfrei, und was das l am Ende anging, war es die Figur von lammfromm, lobenswert und lernbegierig. So wäre diese Unterschrift, wenn sie, wie die semitischen, aus Konsonanten allein bestanden hätte, nicht nur Sitz der kalligraphischen Vollkommenheit gewesen, sondern die Wurzel aller Tugenden.

Knaben und Mädchen aus den besten Häusern des bürgerlichen Westens saßen in Fräulein Pufahls Zirkel. Im einzelnen nahm man es nicht genau, so daß sich in den Kreis der Bürgerlichen auch eine Adlige verirren konnte. Luise von Landau hieß sie, und der Name hatte mich bald in seinen Bann gezogen. Bis heute blieb er mir lebendig, doch nicht darum. Er war vielmehr der erste unter denen Gleichaltriger, auf den ich den Akzent des Todes fallen hörte. Das war, nachdem ich, unserem Zirkel schon entwachsen, ein Angehöriger der Sexta war. Und wenn ich nun ans Lützowufer kam, suchte ich mit den Blicken stets ihr Haus. Zufällig lag es einem Gärtchen gegenüber, das, am anderen Ufer, in das Wasser hängt. Und das verwob sich mit der Zeit so innig mit dem geliebten Namen, daß ich schließlich zur Überzeugung kam, das Blumenbeet, das drüben unberührbar prange, sei der Kenotaph der kleinen Abgeschiedenen.

Fräulein Pufahl wurde abgelöst von Herrn Knoche. Nun war ich eingeschult. Was sich im Klassenzimmer zutrug, stieß mich meist ab. Doch nicht bei einem seiner Strafgerichte ist es, daß die Erinnerung Herrn Knoche trifft, vielmehr im Amt des Sehers, der das Künftige voraussagt, und das ihm nicht schlecht anstand. Wir hatten Singen. Geübt wurde das Reiterlied aus „Wallenstein“: „Wohl auf, Kameraden, aufs Pferd, aufs Pferd! / Ins Feld, in die Freiheit gezogen! / Im Felde, da ist der Mann noch was wert, / Da wird das Herz noch gewogen.“ Herr Knoche wollte von der Klasse wissen, was denn der letzte Vers bedeuten solle. Natürlich konnte niemand Antwort geben. Herrn Knoche aber schien das eben recht, und er erklärte: „Das werdet ihr verstehen, wenn ihr groß seid."

Damals erschien mir das Ufer des Erwachsenseins durchs Flußband vieler Jahre von dem meinen so geschieden wie jenes Ufer des Kanals, von dem das Blumenbeet herübersah und das beim Spaziergang an der Hand des Kinderfräuleins nie betreten wurde. Später, als mein Weg von keinem mehr mir vorgeschrieben wurde und ich auch schon das „Reiterlied" verstand, kam ich manchmal dicht in der Nähe des Beetes am Landwehrkanal vorüber. Aber nun schien es seltener zu blühen. Und von dem Namen, den wir einst zusammen festgehalten hatten, wußte es nicht mehr als jener Vers des Reiterlieds, jetzt, da ich ihn verstand, von jenem Sinn enthielt, den uns Herr Knoche in der Gesangsstunde verheißen hatte. Das leere Grab und das gewogene Herz – zwei Rätselbilder, deren Lösung mir das Leben weiter schuldig bleiben wird.

Der Fischotter

Wie man aus der Wohnung, wo einer haust, und aus dem Stadtviertel, das er bewohnt, sich ein Bild von seiner Natur und Wesensart macht, hielt ich es mit den Tieren des Zoologischen Gartens. Von den Straußen, welche vor einem Hintergrund von Sphinxen und Pyramiden Spalier bildeten, bis zu dem Nilpferd, das seine Pagode wie ein Zauberpriester bewohnte, der auf dem Wege ist, leibhaftig mit dem Dämon, dem er dient, sich zu verschmelzen, war kaum ein Tier, dessen Behausung ich nicht liebte oder fürchtete.

Seltner waren die unter ihnen, die schon durch die Lage des Hauses etwas Besonderes hatten – meist Insassen des Weichbilds: jener Teile, mit denen der Zoologische Garten an die Kaffeeschenken oder das Ausstellungsgelände anstieß. Vor allen andern Bewohnern solcher Gegenden war aber der Fischotter bemerkenswert. Unter den drei Portalen war ihm das an der Lichtensteinbrücke zunächst gelegen. Es war bei weitem das am wenigsten benutzte, führte auch in die abgestorbenste Region des Gartens. Die Allee, die den Besucher da empfing, ähnelte mit den weißen Kugeln ihrer Kandelaber einer verlassenen Promenade von Eilsen oder Bad Pyrmont, und lange ehe diese Orte so verödet lagen, daß sie antiker als Thermen sind, trug dieser Winkel des Zoologischen Gartens die Züge des Kommenden. Es war ein prophetischer Winkel. Denn wie es Pflanzen gibt, von denen man erzählt, daß sie die Kraft besitzen, in die Zukunft sehen zu lassen, so gibt es Orte, die die gleiche Gabe haben. Verlassene sind es meist, auch Wipfel, die gegen Mauern stehn, Sackgassen oder Vorgärten, wo kein Mensch sich jemals aufhält. An solchen Orten scheint es, als sei alles, was eigentlich uns bevorsteht, ein Vergangenes. In diesem Teile des Zoologischen Gartens also war es, wo immer, wenn ich mich dahin verirrte, ein Blick mir über den Brunnenrand vergönnt war, welcher hier wie in der Mitte eines Kurparks aufstieg. Das war der Zwinger des Fischotters. Ein Zwinger in der Tat; denn starke Stäbe vergitterten die Brüstung des Bassins, in dem das Tier sich aufhielt. Ein kleiner Fels- und Grottenbau umsäumte im Hintergrunde das Oval des Beckens. Er war als Wohnung für das Tier gedacht; doch habe ich es niemals darin angetroffen. Und so verblieb ich häufig, endlos wartend, vor dieser unergründlichen und schwarzen Tiefe, um irgendwo den Otter zu entdecken. Gelang es endlich, war es sicher nur für einen Nu, denn augenblicklich war der gleißende Insasse der Zisterne wieder von neuem in der nassen Nacht verschwunden. Gewiß, in Wahrheit war es keine Zisterne, in der man den Otter hielt. Doch wenn ich in sein Wasser blickte, war mir immer, als stürze Regen in alle Gullis der Stadt, nur um in dieses Becken zu münden und sein Tier zu speisen. Denn es war ein verwöhntes Tier, das hier behaust war und dem die leere, feuchte Grotte mehr als Tempel denn als Zufluchtsstätte diente.

Es war das heilige Tier des Regenwassers. Ob es aber in diesen Abwässern und Wässern sich gebildet habe oder von seinem Strömen und von seinem Rinnsale nur sich speise, hätte ich nicht entscheiden können. Immer war es aufs äußerste beschäftigt, so als wenn es in seiner Tiefe unentbehrlich sei. Aber ich hätte liebe, lange Tage die Stirne an sein Gatter legen können, ohne mich an ihm sattzusehen. Und auch darin bewies es seine heimliche Verwandtschaft mit dem Regen. Denn niemals war der liebe, lange Tag mir lieber, niemals länger, als wenn Regen mit seinen feinen oder groben Zähnen ihm langsam Stunden und Minuten strähnte. So folgsam wie ein kleines Mädchen beugte er den Scheitel unter diesen grauen Kamm. Und unersättlich sah ich ihm dann zu. Ich wartete. Nicht bis es nachließ. Sondern daß es mehr und immer üppiger herunterrausche. Ich hörte es an die Scheiben trommeln, aus den Traufen strömen und gurgelnd in die Abflußrohre niederrauschen. Im guten Regen war ich ganz geborgen. Und meine Zukunft rauschte es mir zu, wie man ein Schlaflied an der Wiege singt. Wie gut begriff ich, daß man in ihm wächst. In solchen Stunden hinterm trüben Fenster war ich bei dem Fischotter zu Hause. Doch eigentlich merkte ich das immer erst, wenn ich das nächstemal vorm Zwinger stand. Dann mußte ich wieder lange warten, bis der schwarze, gleißende Leib heraufschoß, um sogleich zu eiligen Geschäften hinabzuschnellen.

Blumeshof 12

Keine Klingel schlug freundlicher an. Hinter der Schwelle dieser Wohnung war ich geborgener als selbst in der elterlichen. Übrigens hieß es nicht Blumes-Hof, sondern Blume-zoof, und es war eine riesige Plüschblume, die so, aus krauser Hülle, mir ins Gesicht fuhr. In ihrem Innern saß die Großmutter; die Mutter meiner Mutter. Sie war Witwe. Wenn man die alte Dame auf ihrem teppichbelegten und mit einer kleinen Balustrade verzierten Erker, welcher auf den Blumeshof herausging, besuchte, konnte man sich schwerlich denken, wie sie große Seefahrten oder gar Ausflüge in die Wüste unter Leitung von „Stangens Reisen“ unternommen hatte, an die sie sich alle paar Jahre anschloß. Madonna di Campiglio und Brindisi, Westerland und Athen und von wo sonst sie auf ihren Reisen Ansichtskarten schickte – in ihnen allen stand die Luft von Blumeshof. Und die große, bequeme Handschrift, die den Fuß der Bilder umspielte oder sich in ihrem Himmel wölkte, zeigte sie so ganz und gar von meiner Großmutter bewohnt, daß sie zu Kolonien des Blumeshof wurden. Wenn dann ihr Mutterland sich wieder auftat, betrat ich dessen Dielen so voll Scheu, als hätten sie mit ihrer

Herrin auf den Wellen des Bosporus getanzt und als verberge sich in den Persern noch der Staub von Samarkand.

Mit welchen Worten das unvordenkliche Gefühl von bürgerlicher Sicherheit umschreiben, das von dieser Wohnung ausging? Das Inventar in ihren vielen Zimmern würde heute keinem Trödler Ehre machen. Denn wenn auch die Erzeugnisse der siebziger Jahre so viel solider waren als die späteren des Jugendstils – das Unverwechselbare an ihnen war der Schlendrian, mit dem sie dem Lauf der Zeit die Dinge überließen und sich, was ihre Zukunft anbetraf, allein der Haltbarkeit des Materials und nirgends der Vernunftberechnung anvertrauten. Das Elend konnte in diesen Räumen keine Stelle haben, in denen ja nicht einmal der Tod sie hatte. Es gab in ihnen keinen Platz zum Sterben; darum starben ihre Bewohner in den Sanatorien, die Möbel aber kamen gleich im ersten Erbgang an den Händler. In ihnen war der Tod nicht vorgesehen. Darum erschienen sie bei Tage so gemütlich und wurden nachts der Schauplatz böser Träume. Das Stiegenhaus, das ich betrat, erwies sich als Wohnsitz eines Alps, der mich zuerst an allen Gliedern schwer und kraftlos machte, um schließlich, als mich nur noch wenige Schritte von der ersehnten Schwelle trennten, mich in Bann zu schlagen. Dergleichen Träume sind der Preis gewesen, mit dem ich die Geborgenheit erkaufte. Die Großmutter starb nicht im Blumeshof. Ihr gegenüber wohnte lange Zeit die Mutter meines Vaters, die schon älter war. Auch sie starb anderswo. So ist die Straße mir zum Elysium, zum Schattenreich unsterblicher, doch abgeschiedener Großmütter geworden. Und weil die Phantasie, wenn sie einmal den Schleier über eine Gegend geworfen hat, gern seine Ränder von unfaßlichen Launen sich kräuseln läßt, hat sie ein Kolonialwarengeschäft, das in der Nähe liegt, zu einem Denkmal des Großvaters gemacht, der Kaufmann war, nur weil sein Inhaber auch Georg hieß. Das Brustbild dieses Frühverstorbenen hing lebensgroß und als Pendant zu jenem seiner Frau im Flur, der zu den abgelegeneren Teilen der Wohnung führte. Wechselnde Gelegenheiten riefen sie ins Leben. Der Besuch einer verheirateten Tochter eröffnete ein längst außer Gebrauch gekommenes Spindenzimmer; ein anderes Hinterzimmer nahm mich auf, wenn die Erwachsenen Mittagsruhe hielten; ein drittes war es, aus dem das Scheppern der Nähmaschine an den Tagen drang, an denen eine Schneiderin ins Haus kam. Der wichtigste von diesen abgelegenen Räumen war für mich die Loggia, sei es, weil sie, bescheidener möbliert, von den Erwachsenen weniger geschätzt war, sei es, weil gedämpft der Straßenlärm heraufdrang, sei es, weil sie mir den Blick auf fremde Höfe mit Portiers, Kindern und Leierkastenmännern freigab. Es waren übrigens mehr Stimmen als Gestalten, die von der Loggia sich eröffneten. Auch war das Viertel vornehm und das Treiben auf seinen Höfen niemals sehr bewegt; etwas von der Gelassenheit der Reichen, für die die Arbeit hier verrichtet wurde, hatte sich dieser selber mitgeteilt, und alles schien bereit, ganz unversehens in tiefen Sonntagsfrieden zu verfallen. Darum war der Sonntag der Tag der Loggia. Der Sonntag, den die andern Räume, die wie schadhaft waren, nie ganz fassen konnten, denn er sickerte durch sie hindurch – allein die Loggia, die auf den Hof mit seinen Teppichstangen und den andern Loggien hinausging, faßte ihn, und keine Schwingung der Glockenfracht, mit der die Zwölf-Apostel-

und die Matthäi-Kirche sie beluden, glitt von ihr hinab, sondern bis Abend blieben sie dort aufgestapelt. Die Zimmer dieser Wohnung waren nicht nur zahlreich, sondern zum Teil sehr ausgedehnt. Der Großmutter auf ihrem Erker guten Tag zu sagen, wo neben ihrem Nähkorb dann sehr bald Obst oder Schokolade vor mir stand, mußte ich durch das riesige Speisezimmer, um dann das Erkerzimmer zu durchwandern.

Aber der erste Weihnachtsfeiertag erst zeigte, wozu denn eigentlich diese Räume geschaffen waren. Freilich war der Beginn des großen Festes alljährlich mit einer sonderbaren Schwierigkeit verbunden. Die langen Tafeln nämlich, welche der Bescherung dienten, waren der Menge der Beschenkten wegen dicht bestellt. Es war da nicht nur die Familie in allen ihren Verzweigungen bedacht; auch die Bedienung hatte ihre Plätze unterm Baum und neben der jeweiligen auch die alte, die schon im Ruhestande war. So nahe darum Platz an Platz stieß, war man nie vor unvorhergesehenen Gebietsverlusten sicher, wenn nachmittags, nach Schluß des großen Essens noch einem alten Faktotum oder dem Portierkind aufzudecken war. Aber nicht darin lag die Schwierigkeit, sondern zu Anfang, wenn die Flügeltür sich auftat. Im Hintergrund des großen Zimmers glitzerte der Baum. An den langen Tafeln war keine Stelle, von der nicht zumindest ein bunter Teller mit dem Marzipan und seinen Tannenzweigen lockte; dazu winkten von vielen Spielsachen und Bücher. Besser, nicht zu genau sich auf sie einzulassen. Ich hätte mir den Tag verderben können, wenn ich mich vorschnell auf Geschenke stimmte, die dann rechtmäßiger Besitz von andern wurden. Dem zu entgehen, blieb ich auf der Schwelle wie angewurzelt stehen, auf den Lippen ein Lächeln, von dem keiner hätte sagen können, ob der Glanz des Baumes es in mir erweckte oder aber der der mir bestimmten Gaben, denen ich mich, überwältigt, nicht zu nahen wagte. Aber am Ende war es ein Drittes, was tiefer als die vorgetäuschten Gründe und sogar als mein echter mich bestimmte. Denn noch gehörten die Geschenke dort ein wenig mehr dem Geber als mir selbst. Sie waren spröde; groß war meine Angst, sie ungeschickt vor aller Augen anzufassen. Erst draußen auf der Diele, wo das Mädchen sie uns mit Packpapier umwickelte und ihre Form in Bündeln und Kartons verschwunden war, um uns an ihrer Statt als Bürgschaft ihr Gewicht zu hinterlassen, waren wir ganz der neuen Habe sicher. Das war nach vielen Stunden. Wenn wir dann, die Sachen fest eingeschlagen und verschnürt am Arm, in die Dämmerung hinaustraten, die Droschke vor der Haustür wartete, der Schnee unangetastet auf Gesimsen und Staketen, getrübter auf dem Pflaster lag, vom Lützowufer her Geklingel eines Schlittens anging und die Gaslaternen, die eine nach der andern sich erhellten, den Gang des Laternenanzünders verrieten, der auch an diesem süßen Feiertagabend seine Stange hatte schultern müssen dann war die Stadt so in sich selbst versunken wie ein Sack, der schwer von mir und meinem Glück war.

Die Mummerehlen

In einem alten Kinderverse kommt die Muhme Rehlen vor. Weil mir nun „Muhme“ nichts sagte, wurde dies Geschöpf für mich zu einem Geist: der Mummerehlen. Das Mißverstehen verstellte mir die Welt. Jedoch auf gute Art; es wies die Wege, die in ihr Inneres führten. Ein jeder Anstoß war ihm recht.

So wollte der Zufall, daß in meinem Beisein einmal von Kupferstichen war gesprochen worden. Am Tag darauf steckte ich unterm Stuhl den Kopf hervor: das war ein „Kopf-verstich". Wenn ich dabei mich und das Wort entstellte, tat ich nur, was ich tun mußte, um im Leben Fuß zu fassen. Beizeiten lernte ich es, in die Worte, die eigentlich Wolken waren, mich zu mummen. Die Gabe, Ähnlichkeiten zu erkennen, ist ja nichts als ein schwaches Überbleibsel des alten Zwangs, ähnlich zu werden und sich zu verhalten. Den aber übten Worte auf mich aus. Nicht solche, die mich Mustern der Gesittung, sondern Wohnungen, Möbeln, Kleidern ähnlich machten.

Nur meinem eigenen Bilde nie. Und darum wurde ich so ratlos, wenn man Ähnlichkeit mit mir selbst von mir verlangte. Das war beim Photographen. Wohin ich blickte, sah ich mich umstellt von Leinwandschirmen, Polstern, Sockeln, die nach meinem Bilde gierten wie die Schatten des Hades nach dem Blut des Opfertieres. Am Ende brachte man mich einem roh gepinselten Prospekt der Alpen dar, und meine Rechte, die ein Gemsbarthütlein erheben mußte, legte auf die Wolken und Firnen der Bespannung ihren Schatten. Doch das gequälte Lächeln um den Mund des kleinen Älplers ist nicht so betrübend wie der Blick, der aus dem Kinderantlitz, das im Schatten der Zimmerpalme liegt, sich in mich senkt. Sie stammt aus einem jener Ateliers, welche mit ihren Schemeln und Stativen, Gobelins und Staffeleien etwas vom Boudoir und von der Folterkammer haben. Ich stehe barhaupt da; in meiner Linken einen gewaltigen Sombrero, den ich mit einstudierter Grazie hängen lasse. Die Rechte ist mit einem Stock befaßt, dessen gesenkter Knauf im Vordergrund zu sehen ist, indessen sich sein Ende in einem Büschel von Pleureusen birgt, die sich von einem Gartentisch ergießen. Ganz abseits, neben der Portiere, stand die Mutter starr, in einer engen Taille. Wie eine Schneiderfigurine blickt sie auf meinen Samtanzug, der seinerseits mit Posamenten überladen und von einem Modeblatt zu stammen scheint. Ich aber bin entstellt vor Ähnlichkeit mit allem, was hier um mich ist. Ich hauste so wie ein Weichtier in der Muschel haust im neunzehnten Jahrhundert, das nun hohl wie eine leere Muschel vor mir liegt. Ich halte sie ans Ohr.

Was höre ich? Ich höre nicht den Lärm von Feldgeschützen oder von Offenbachscher Ballmusik, auch nicht das Heulen der Fabriksirenen oder das Geschrei, das mittags durch die Börsensäle gellt, nicht einmal Pferdetrappeln auf dem Pflaster oder die Marschmusik der Wachtparade. Nein, was ich höre, ist das kurze Rasseln des Anthrazits, der aus dem Blechbehälter in einen Eisenofen niederfällt, es ist der dumpfe Knall, mit dem die Flamme des Gasstrumpfs sich entzündet, und das Klirren der Lampenglocke auf dem Messingreifen, wenn auf der Straße ein Gefährt vorbeikommt. Noch andere Geräusche, wie das Scheppern des Schlüsselkorbs, die beiden Klingeln an der Vorder- und der Hintertreppe; endlich ist auch ein kleiner Kindervers dabei. „Ich will dir was erzählen von der Mummerehlen."

Das Versehen ist entstellt; doch hat die ganze entstellte Welt der Kindheit darin Platz. Die Muhme Rehlen, die einst in ihm saß, war schon verschollen als ich es zuerst gesagt bekam. Die Mummerehlen aber war noch schwerer aufzuspüren. Gelegentlich vermutete ich sie im Affen, welcher auf dem Tellergrund im Dunst von Graupen oder Sago schwamm. Ich aß die Suppe, um ihr Bild zu klären. Im Mummelsee war sie vielleicht zu Haus und seine trägen Wasser lagen ihr wie eine graue Pelerine an. Was man von ihr erzählt hat – oder mir wohl nur erzählen wollte –, weiß ich nicht. Sie war das Stumme, Lockere, Flockige, das gleich dem Schneegestöber in den kleinen Glaskugeln sich im Kern der Dinge wölkt. Manchmal wurde ich darin umgetrieben. Das war, wenn ich beim Tuschen saß. Die Farben, die ich dann mischte, färbten mich. Noch ehe ich sie an die Zeichnung legte, vermummten sie mich selber. Wenn sie feucht auf der Palette ineinanderschwammen, nahm ich sie so behutsam auf den Pinsel, als seien sie zerfließendes Gewölk.

Von allem aber, was ich wiedergab, war mir das China-Porzellan am liebsten. Ein bunter Schorf bedeckte jene Vasen, Gefäße, Teller, Dosen, die gewiß nur billige Exportartikel waren. Mich fesselten sie dennoch so, als hätte ich damals die Geschichte schon gekannt, die mich nach so viel Jahren noch einmal zum Werk der Mummerehlen hingeleitet. Sie stammt aus China und erzählt von einem alten Maler, der den Freunden sein neuestes Bild zu sehen gab. Ein Park war darauf dargestellt, ein schmaler Weg am Wasser und durch einen Baumschlag hin, der lief vor einer kleinen Türe aus, die hinten in ein Häuschen Einlaß bot. Wie sich die Freunde aber nach dem Maler umsahen, war der fort und in dem Bild. Da wandelte er auf dem schmalen Weg zur Tür, stand vor ihr still, kehrte sich um, lächelte und verschwand in ihrem Spalt. So war auch ich bei meinen Näpfen und den Pinseln auf einmal ins Bild entstellt. Ich ähnelte dem Porzellan, in das ich mit einer Farbenwolke Einzug hielt.

Die Farben

In unserem Garten gab es einen verlassenen, morschen Pavillon. Ich liebte ihn der bunten Fenster wegen. Wenn ich in seinem Innern von Scheibe zu Scheibe strich, verwandelte ich mich; ich färbte mich wie die Landschaft, die bald lohend und bald verstaubt, bald schwelend und bald üppig im Fenster lag. Es ging mir wie beim Tuschen, wo die Dinge mir ihren Schoß auftaten, sobald ich sie in einer feuchten Wolke überkam. Ähnliches begab sich mit Seifenblasen. Ich reiste in ihnen durch die Stube und mischte mich ins Farbenspiel der Kuppel bis sie zersprang. Am Himmel, mit einem Schmuckstück, in einem Buch verlor ich mich an Farben. Kinder sind ihre Beute auf allen Wegen. Man konnte damals Schokolade in zierlichen, kreuzweis gebündelten Päckchen kaufen, in denen jedes Täfelchen für sich in farbiges Stanniolpapier verpackt war. Das kleine Bauwerk, dem ein rauher Goldfaden seinen Halt gab, prunkte mit grün und gold, blau und orange, rot und silber; nirgends stießen zwei gleich verpackte Stücke aneinander. Aus diesem funkelnden Verhau brachen die Farben eines Tages auf mich herein, und ich spüre die Süßigkeit noch, an der mein Auge sich damals vollsog. Es war die Süßigkeit der Schokolade, mit der sie mir mehr im Herzen als auf der Zunge zergehen wollten. Denn ehe ich den Lockungen des Naschwerks erlegen war, hatte der höhere Sinn mit einem Schlage den niederen in mir überflügelt und mich entrückt.

Gesellschaft

Meine Mutter hatte ein Schmuckstück von ovaler Form. Es war so groß, daß man es auf der Brust nicht tragen konnte, und so erschien es jedesmal, wenn sie es antat, an ihrem Gürtel. Sie trug es aber, wenn sie in Gesellschaft ging; zu Hause nur, wenn wir selber eine hatten. Es prunkte mit einem großen, blitzenden und gelben Steine, der die Mitte war, und einer Anzahl mäßig großer, die in vielen Farben – grün, blau, gelb, rosa, purpur – ihn umstanden. Dies Schmuckstück war, so oft ich es erblickte, mein Entzücken. Denn in den tausend kleinen Feuern, die aus seinen Rändern schossen, saß, vernehmlich, eine Tanzmusik. Die wichtige Minute, da die Mutter es der Schatulle, wo es lag, entnahm, ließ seine Doppelmacht zum Vorschein kommen. Es war mir die Gesellschaft, deren Sitz in Wahrheit auf der Schärpe meiner Mutter war; es war mir aber auch der Talisman, der sie vor allem schützte, was von draußen bedrohlich für sie werden konnte. In seinem Schutze war auch ich geborgen.

Nur konnte er nicht hindern, daß ich auch an jenen seltnen Abenden, an denen es ihn zu sehen gab, zu Bett gehen mußte. Doppelt verdroß mich das, wenn bei uns selbst Gesellschaft war. Doch drang sie mir über meine Schwelle, und ich stand in dauerndem Rapport mit ihr, sobald das erste Klingelzeichen erschollen war. Für eine Weile setzte nun die Klingel dem Korridor fast unablässig zu. Nicht weniger beängstigend, weil sie kürzer, präziser anschlug als an andern Tagen. Mich täuschte sie darüber nicht, daß sich ein Anspruch in ihr verlautbarte, der weiter ging als der, mit dem sie sonst sich geltend machte. Und dem entsprach es, daß das öffnen diesmal im Augenblick und lautlos vor sich ging. Dann kam die Zeit, in welcher die Gesellschaft, kaum daß sie sich zu bilden begonnen hatte, schon wieder am Verenden schien. In Wahrheit hatte sie sich nur in die entfernten Räume zurückgezogen, um dort im Brodeln und im Bodensatz der vielen Schritte und Gespräche zu verschwinden wie ein Ungeheuer, das, kaum hat es die Brandung angespült, im feuchten Schlamm der Küste Zuflucht sucht. Von dem, was jetzt die Zimmer füllte, spürte ich, daß es ungreifbar, glatt und stets bereit war, die zu erwürgen, die es jetzt umspielte. Das spiegelblanke Frackhemd, das mein Vater an diesem Abend hatte, kam mir nun wie ein Panzer vor, und in dem Blick, den er vor einer Stunde noch hatte über die menschenleeren Stühle schweifen lassen, entdeckte ich jetzt das Gewappnete.

Inzwischen war ein Rauschen bei mir eingebrochen; das Unsichtbare war erstarkt und ging daran, an allen Gliedern mit sich selbst sich zu bereden. Es horchte auf sein eigenes dumpfes Raunen, wie man in eine Muschel horcht, es ging wie Laub im Winde mit sich selbst zu Rate, es knisterte wie Scheite im Kamin und sank dann lautlos in sich selbst zusammen. Jetzt war der Augenblick gekommen, da ich es bereute, noch vor wenigen Stunden dem Unberechenbaren seinen Weg gebahnt zu haben. Das war mit einem Griff geschehen, durch den der Eßtisch sich auseinandertat und eine Platte drunter zum Vorschein kam, die, aufgeklappt, den

Raum zwischen den Hälften derart überbrückte, daß alle Gäste unterkommen konnten. Dann hatte ich beim Decken helfen dürfen. Und nicht nur, daß Gerätschaften dabei durch meine Hände gingen, die mich ehrten, die Hummergabeln oder Austernmesser, auch die geläufigen des Alltags traten in feierlicher Spielart in Erscheinung. Die Gläser in Gestalt der grünen Römer, der kurzen, scharf geschliffnen Portweinkelche, der filigranbesäten Schalen für den Sekt; die Näpfe für das Salz als Silberfäßchen; die Pfropfen auf den Flaschen in Gestalt schwerer, metallner Gnomen oder Tiere. Endlich geschah es, daß ich auf das eine der vielen Gläser jedes Tischgedecks die Karte legen durfte, die dem Gast den Platz angab, der auf ihn wartete. Mit diesem Kärtchen hatte ich das Werk gekrönt; und wenn ich nun zuletzt bewundernd die Runde um die ganze Tafel machte, vor der nur noch die Stühle fehlten dann erst durchdrang mich tief das kleine Friedenszeichen, das mir von allen ihren Tellern winkte. Kornblumen waren es, die das Service aus makellosem weißen Porzellan mit einem kleinen Muster überzogen: ein Friedenszeichen, dessen Süßigkeit allein der Blick ermessen konnte, der vertraut mit jenem kriegerischen war, das ich an allen anderen Tagen vor mir hatte. Ich denke an das blaue Zwiebelmuster. Wie oft hatte ich es im Lauf der Fehden, die an dem Tische ausgetragen wurden, der jetzt so schimmernd vor mir lag, um Beistand angefleht. Unzählige Male war ich seinen Zweigen und Fädchen, Blüten und Voluten nachgegangen, hingebender als je dem schönsten Bild. Nie hatte man um Freundschaft rückhaltloser sich beworben als ich um die des blauen Zwiebelmusters. Ich hätte es so gerne zum Verbündeten in dem ungleichen Kampf gehabt, der mir das

Mittagessen oft verbitterte. Doch das gelang mir nie. Denn dieses Muster war käuflich wie ein General aus China, welches denn auch an seiner Wiege gestanden hatte. Die Ehrungen, mit denen es von meiner Mutter überhäuft ward, die Paraden, zu denen sie die Mannschaft einberief, die Totenklagen, die aus der Küche jedem Glied der Truppe, das gefallen war, nachhallten, machten meine Werbung aussichtslos. Denn kalt und kriechend hielt das Zwiebelmuster meinen Blicken stand und hätte nicht das kleinste seiner Blättchen detachiert, um mich zu decken.

Der feierliche Anblick dieser Tafel befreite mich von der fatalen Zeichnung, und das allein hätte genügt, mich zu entzücken. Aber je näher der Abend rückte, desto mehr umflorte sich das Selige, Leuchtende, das er um Mittag mir versprochen hatte. Und wenn dann meine Mutter, trotzdem sie im Hause blieb, nur flüchtig kam, um mir Gute Nacht zu sagen, fühlte ich verdoppelt, welch Geschenk sie sonst mir um die Zeit aufs Deckbett legte: das Wissen um die Stunden, die für sie der Tag noch hatte, und die ich getrost, wie einst die Puppe, in den Schlummer mitnahm. Es waren diese Stunden, die mir heimlich, und ohne daß sie es wußte, in die Falten der Decke fielen, die sie mir zurechtzog, und eben diese Stunden, welche selbst an Abenden, da sie im Fortgehen war, mich trösteten, wenn sie in der Gestalt der schwarzen Spitzen ihres Kopftuchs, das sie schon umgenommen hatte, mich berührten. Ich liebte diese Nähe, und was sie an Duft mir zugab; jede Spanne Zeit, die ich im Schatten dieses Kopftuchs und in Nachbarschaft des gelben Steins gewann, beglückte mich mehr als die Knallbonbons, die mir im Kuß für morgenfrüh von ihr versprochen wurden. Wenn dann von draußen mein Vater nach ihr rief, erfüllte mich bei ihrem Aufbruch nur noch Stolz, so glänzend sie in die Gesellschaft zu entlassen. Und ohne es zu kennen, spürte ich in meinem Bette, kurz bevor ich einschlief, die Wahrheit eines kleinen Rätselworts: „Je später auf den Abend, desto schöner die Gäste."

Der Lesekasten

Nie wieder können wir Vergessenes ganz zurückgewinnen. Und das ist vielleicht gut. Der Chock des Wiederhabens wäre so zerstörend, daß wir im Augenblick aufhören müßten, unsere Sehnsucht zu verstehen. So aber verstehen wir sie, und um so besser, je versunkener das Vergessene in uns liegt. Wie das verlorene Wort, das eben noch auf unseren Lippen lag, die Zunge zu demosthenischer Beflügelung lösen würde, so scheint uns das Vergessene schwer vom ganzen gelebten Leben, das es uns verspricht. Vielleicht ist, was Vergessenes so beschwert und trächtig macht, nichts anderes als die Spur verschollener Gewohnheiten, in die wir uns nicht mehr finden könnten. Vielleicht ist seine Mischung mit den Stäubchen unserer zerfallenen Gehäuse das Geheimnis, aus dem es überdauert. Wie dem auch sei – für jeden gibt es Dinge, die dauerhaftere Gewohnheiten in ihm entfalteten als alle anderen. An ihnen formten sich die Fähigkeiten, die für sein Dasein mitbestimmend wurden. Und weil das, was mein eigenes angeht, Lesen und Schreiben waren, weckt von allem, was mir in früheren Jahren unterkam, nichts größere Sehnsucht als der Lesekasten. Er enthielt auf kleinen Täfelchen die Lettern, einzeln, in deutscher

Schrift, in der sie jünger und auch mädchenhafter schienen als im Druck. Sie betteten sich schlank aufs schräge Lager, jede einzelne vollendet und in ihrer Reihenfolge gebunden durch die Regel ihres Ordens, das Wort, dem sie als Schwestern angehörten. Ich bewunderte, wie soviel Anspruchslosigkeit vereint mit soviel Herrlichkeit bestehen könne. Es war ein Gnadenstand. Und meine Rechte, die sich gehorsam um ihn mühte, fand ihn nicht. Sie mußte draußen wie der Pförtner sitzen, der die Erwählten durchzulassen hat. So war ihr Umgang mit den Lettern voll Entsagung. Die Sehnsucht, die er mir erweckt, beweist, wie sehr er eins mit meiner Kindheit gewesen ist. Was ich in Wahrheit in ihm suche, ist sie selbst: die ganze Kindheit, wie sie in dem Griff gelegen hat, mit dem die Hand die Lettern in die Leiste schob, in der sie sich zu Wörtern reihen sollten. Die Hand kann diesen Griff noch träumen, aber nie mehr erwachen, um ihn wirklich zu vollziehen. So kann ich davon träumen, wie ich einmal das Gehen lernte. Doch das hilft mir nichts. Nun kann ich gehen; gehen lernen nicht mehr.

Das Karussell

Das Brett mit den dienstbaren Tieren rollte dicht überm Boden. Es hatte die Höhe, in der man am besten zu fliegen träumt. Musik setzte ein, und ruckweis rollte das Kind von seiner Mutter fort. Erst hatte es Angst, die Mutter zu verlassen. Dann aber merkte es, wie es selber treu war. Es thronte als treuer Herrscher über einer Welt, die ihm gehörte. In der Tangente bildeten Bäume und Eingeborene Spalier. Da tauchte, in einem Orient, wiederum die Mutter auf.

Danach trat aus dem Urwald ein Wipfel, wie ihn das Kind schon vor Jahrtausenden, wie es ihn eben erst im Karussell gesehen hatte. Sein Tier war ihm zugetan: wie ein stummer Arion fuhr es auf seinem stummen Fisch dahin, ein hölzerner Stier-Zeus entführte es als makellose Europa. Längst war die ewige Wiederkehr aller Dinge Kinderweisheit geworden und das Leben ein uralter Rausch der Herrschaft mit dem dröhnenden Orchestrion in der Mitte. Spielte es langsamer, fing der Raum an zu stottern und die Bäume begannen sich zu besinnen. Das Karussell wurde unsicherer Grund. Und die Mutter stand da, der vielfach gerammte Pfahl, um den das landende Kind das Tau seiner Blicke warf.

Affentheater

Affentheater – dieses Wort hat für Erwachsene etwas Groteskes. Das fehlte ihm als ich zum ersten Mal es hörte. Ich war noch klein. Daß Affen auf der Bühne ungewöhnlich sein mußten, kam im Rahmen dieses Ungewöhnlichsten: der Bühne nicht zur Geltung. Das Wort Theater fuhr mir wie ein Trompetenstoß durchs Herz. Die Phantasie fuhr auf. Jedoch die Spur, an welche sie sich hängte, war nicht die, die hinter die Kulissen führte und den Knaben später leitet, sondern die der Glücklichen und Klugen, die es ihren Eltern abgewonnen hatten, nachmittags ins Theater gehen zu dürfen. Der Zugang zu ihm führte durch eine Bresche in der Zeit, die Nische des Tags, die der Nachmittag war und in der es schon nach Lampe und Zubettgehn roch, wurde durchschlagen. Nicht um den Blick auf Wilhelm Teil oder Dornröschen freizugeben; zumindest nicht zu diesem Zweck allein. Höher lag der andere: im Theater, unter den anderen zu sitzen, die auch da waren. Was auf mich wartete, wußte ich nicht, doch sicher schien mir zuzusehen nur Teil, ja Vorspiel eines weit bedeutungsvolleren Verhaltens, in das ich dort mit andern mich finden sollte. Von welcher Art das war, wußte ich nicht. Gewiß ging es die Affen genau so gut wie die bewährteste Schauspieltruppe an. Auch war der Abstand vom Affen zum Menschen nicht größer als der vom Menschen zum Theaterspieler.

Das Fieber

Das lehrte stets von neuem der Beginn von jeder Krankheit, mit wie sicherem Takt, wie schonend und gewandt das Mißgeschick sich bei mir einfand. Aufsehn zu erregen, lag ihm fern. Mit ein paar Flecken auf der Haut, mit einer Übelkeit begann es. Und es war, als sei die Krankheit durchaus gewohnt, sich zu gedulden, bis ihr vom Arzt Quartier bereitet worden sei. Der kam, besah mich und legte Wert darauf, daß ich das Weitere im Bett erwarte. Lesen verbot er mir. Ohnehin hatte ich Wichtigeres zu tun. Denn nun begann ich, was kommen mußte, durchzugehen, solange es noch Zeit und mir im Kopfe nicht zu wirr war. Ich maß den Abstand zwischen Bett und Tür und fragte mich, wie lange noch mein Rufen ihn überbrücken könne. Ich sah im Geist den Löffel, dessen Rand die Bitten meiner Mutter besiedelten, und wie, nachdem er meinen Lippen erst so schonungsvoll genähert worden war, mit einemmal sein wahres Wesen durchbrach, indem er mir die bittere Medizin gewaltsam in die Kehle schüttete. Wie ein Mann im Rausch bisweilen rechnet und denkt, nur um zu sehen: er kann es noch, so zählte ich die Sonnenkringel, die an meiner Zimmerdecke schwankten, und die Rauten der Tapete ordnete ich zu immer neuen Bündeln.

Ich bin viel krank gewesen. Daher stammt vielleicht, was andere als Geduld an mir bezeichnen, in Wahrheit aber keiner Tugend ähnelt: die Neigung, alles, woran mir liegt, von weitem sich mir nahen zu sehen wie meinem Krankenbett die Stunden. So kommt es, daß an einer Reise mir die beste Freude fehlt, wenn ich den Zug nicht auf dem Bahnhof lang erwarten konnte, und ebenfalls rührt daher, daß Beschenken zur Leidenschaft bei mir geworden ist; denn was den andern überrascht, das sehe, als Geber, ich von langer Hand voraus. Ja, das Bedürfnis, durch die Wartezeit so wie ein Kranker durch die Kissen, die er im Rücken hat, gestützt, dem Kommenden entgegenzusehen, hat bewirkt, daß späterhin mir Frauen um so schöner schienen, je getroster und länger ich auf sie zu warten hatte. Mein Bett, das sonst der Ort des eingezogensten und stillsten Daseins gewesen war, kam nun zu öffentlichem Rang und Ansehen. Auf lange war es nicht mehr das Revier heimlicher Unternehmungen am Abend: des Schmökerns oder meines Kerzenspiels. Unter dem Kissen lag nicht mehr das Buch, das sonst allnächtlich nach verbotenem Brauch mit letzter Kraft dort hingeschoben wurde. Und auch die Lavaströme und die kleinen Brandherde, welche das Stearin zum Schmelzen brachten, fielen in diesen Wochen fort. Ja, vielleicht raubte die Krankheit mir im Grunde nichts als jenes atemlose, schweigsame Spiel, das niemals frei von einer geheimen Angst für mich gewesen war – Vorbotin jener späteren, die ein gleiches Spiel am gleichen Rand der Nacht begleitete. Die Krankheit hatte kommen müssen, um mir ein reinliches Gewissen zu verschaffen. Das aber war so frisch wie jede Stelle des faltenlosen Lakens, das mich abends, wenn aufgebettet worden war, erwartete.

Meist machte meine Mutter mir das Bett. Vom Diwan aus verfolgte ich, wie sie die Kissen und Bezüge schüttelte, und dachte dabei an die Abende, an denen ich gebadet worden war und dann auf einem Porzellantablett das Abendbrot ans Bett bekommen hatte. Durch ein Gestrüpp von wilden Himbeerranken drang, hinter der Glasur, ein Weib, bemüht, dem Wind ein Banner mit dem Wahlspruch preiszugeben: „Komm nach Osten, komm nach Westen, zu Haus ist's am besten." Und die Erinnerung an das Abendbrot und an die Himbeerranken war um so viel angenehmer, als der Körper auf immer sich erhaben über das Bedürfnis, etwas zu verzehren, vorkam. Dafür gelüstete ihn nach Geschichten. Die starke Strömung, welche sie erfüllte, ging durch ihn selbst hindurch und schwemmte Krankes wie Treibgut mit sich fort. Schmerz war ein Staudamm, welcher der Erzählung nur anfangs widerstand; er wurde später, wenn sie erstarkt war, unterwühlt und in den Abgrund der Vergessenheit gespült. Das Streicheln bahnte diesem Strom sein Bett. Ich liebte es, denn in der Hand der Mutter rieselten schon Geschichten, welche bald in Fülle ihrem Mund entströmen sollten. Mit ihnen kam das Wenige ans Licht, was ich von meinen Vorfahren erfuhr. Die Laufbahn eines Ahnen, Lebensregeln des Großvaters beschwor man mir herauf, als wolle man mir so begreiflich machen, wie übereilt es sei, der großen Trümpfe, die ich dank meiner Abkunft in der Hand hielt, durch einen frühen Tod mich zu entäußern. Wie nah ich ihm gekommen war, das prüfte zweimal am Tage meine Mutter nach. Behutsam ging sie mit dem Thermometer sodann auf Fenster oder Lampe zu und handhabte das schmale Röhrchen so, als sei mein Leben darin eingeschlossen.

Später, als ich heranwuchs, war für mich die Gegenwart des Seelischen im Leib nicht schwieriger zu enträtseln als der Stand des Lebensfadens in der kleinen Röhre, in der er immer meinem Blick entglitt. Gemessen werden strengte an. Danach blieb ich am liebsten ganz allein, um mich mit meinen Kissen abzugeben. Denn mit den Graten meiner Kissen war ich zu einer Zeit vertraut, in der mir Hügel und Berge noch nicht viel zu sagen hatten. Ich steckte ja mit den Gewalten, welche jene erstehen ließen, unter einer Decke. So richtete ich's manchmal ein, daß sich in diesem Bergwall eine Höhle auf tat. Ich kroch hinein; ich zog die Decke über den Kopf und hielt mein Ohr dem dunklen Schlünde hin, die Stille ab und zu mit Worten speisend, die als Geschichten aus ihr wiederkehrten. Bisweilen mischten sich die Finger ein und führten selber einen Vorgang auf; oder sie machten „Kaufhaus" miteinander, und hinterm „Tisch", der von den Mittelfingern gebildet wurde, nickten die zwei kleinen dem Kunden, der ich selbst war, eifrig zu.

Doch immer schwächer wurde meine Lust und auch die Macht, ihr Spiel zu überwachen. Zuletzt verfolgte ich fast ohne Neugier das Treiben meiner Finger, die wie träges, verfängliches Gesindel sich im Weichbilde einer Stadt zu schaffen machten, die ein Brand verzehrte. Nicht möglich, ihnen übern Weg zu trauen. Denn hatten sie in Unschuld sich vereint – nie war man sicher, daß nicht beide

Trupps, lautlos, wie sie sich eingefunden hatten, ein jeder wieder seines Weges gingen. Und der war manchmal ein verbotener, an dessen Ende eine süße Rast den Ausblick auf die lockenden Gesichte freigab, die in dem Flammenschleier sich bewegten, der hinter den geschlossenen Lidern stand. Denn aller Sorgfalt oder Liebe glückte nicht, das Zimmer, wo mein Bett stand, lückenlos dem Leben unseres Hausstands anzuschließen. Ich mußte warten, bis der Abend kam. Dann, wenn die Tür sich vor der Lampe auftat und sich die Wölbung ihrer Glocke schwankend über die Schwelle auf mich zu bewegte, war es, als ob die goldene Lebenskugel, die jede Tagesstunde wirbeln ließ, zum erstenmal den Weg in meine Kammer, wie in ein abgelegenes Fach, gefunden hätte. Und eh der Abend sich's noch selber recht bei mir hatte wohl sein lassen, fing für mich ein neues Leben an; vielmehr das alte des Fiebers blühte unterm Lampenlicht von einem Augenblick zum andern auf.

Nichts als der Umstand, daß ich lag, erlaubte mir, einen Vorteil aus dem Licht zu ziehen, den andere nicht so schnell gewinnen konnten. Ich nutzte meine Ruhe und die Nähe der Wand, die ich in meinem Bette hatte, das Licht mit Schattenbildern zu begrüßen. Nun kamen alle jene Spiele, welche ich meinen Fingern freigegeben hatte, noch einmal unbestimmter, stattlicher, verschlossener auf der Tapete wieder. „Statt sich vor den Schatten des Abends zu fürchten“, so stand es in meinem Spielbuch, „benutzen ihn lustige Kinder vielmehr, um sich einen Spaß zu machen.“ Und bilderreiche Anweisungen folgten, nach denen man Steinbock und Grenadier, Schwan und Kaninchen an die Bettwand hätte werfen können. Mir selbst gedieh es freilich selten über den Rachen eines Wolfes hinaus.

Nur war er dann so groß und klaffend, daß er den Fenriswolf bedeuten mußte, den ich als Weltvernichter in dem gleichen Raum sich in Bewegung setzen ließ, in dem man mich selbst der Kinderkrankheit streitig machte.

Eines Tages zog sie dann ab. Die nahende Genesung lockerte, wie die Geburt, Bindungen, die das Fieber noch einmal schmerzhaft angezogen hatte. Dienstboten fingen an, in meinem Dasein die Mutter wieder öfter zu vertreten. Und eines Morgens gab ich mich von neuem nach langer Pause und mit schwacher Kraft dem Teppichklopfen hin, das durch die Fenster heraufdrang und dem Kinde tiefer sich ins Herz grub als dem Mann die Stimme der Geliebten, dem Teppichklopfen, welches das Idiom der Unterschicht war, wirklicher Erwachsener, das niemals abbrach, bei der Sache blieb, sich manchmal Zeit ließ, trag und abgedämpft zu allem sich bereitfand, manchmal wieder in einen unerklärlichen Galopp fiel, als spute man sich drunten vor dem Regen.

Unmerklich, wie die Krankheit zu Beginn sich mit mir eingelassen hatte, schied sie auch. Doch wenn ich im Begriff war, sie schon wieder ganz zu vergessen, dann erreichte mich ein letzter Gruß von ihr auf meinem Zeugnis. Die Summe der versäumten Stunden war an seinem Fuß verzeichnet. Keineswegs erschienen sie mir grau, eintönig wie die, denen ich gefolgt war, sondern gleich bunten Streifchen an der Brust des Invaliden standen sie gereiht. Ja eine lange Reihe Ehrenzeichen versinnlichte in meinen Augen der Vermerk: Gefehlt – einhundertdreiundsiebzig Stunden.

Zwei Blechkapellen

Nie mehr hat Musik etwas derart Entmenschtes, Schamloses besessen wie die des Militärorchesters, das den Strom von Menschen temperierte, der sich zwischen den Kaffeerestaurationen des Zoo die Lästerallee entlangschob. Heute erkenne ich, was die Gewalt dieser Strömung ausmachte. Für den Berliner gab es keine höhere Schule der Liebe als diese, die umgeben war von den Sandplätzen der Gnus und Zebras, den kahlen Bäumen und Riffen, wo die Aasgeier und die Condore nisteten, den stinkenden Wolfsgattern und den Brutplätzen der Pelikane und Reiher. Die Rufe und die Schreie dieser Tiere mischten sich mit dem Lärm der Pauken und des Schlagzeugs. Das war die Luft, in der zum ersten Mal der Blick des Knaben einer Vorübergehenden sich anzudrängen suchte, während er umso eifriger zu seinem Freund sprach. Und derart angestrengt war sein Bestreben, weder im Tonfall noch im Blick sich zu verraten, daß er von der Vorübergehenden nichts sah.

Viel früher hat er eine andre Blechmusik gekannt. Und wie verschieden waren beide: diese, die sich schwül und lockend im Laub- und Zeltdach wiegte, und jene ältere, die blank und schmetternd in der kalten Luft wie unter einem dünnen Glassturz stand. Sie lockte von der Rousseau-Insel und beschwingte die Schlittschuhläufer auf dem Neuen See zu ihren Schleifen und zu ihren Bögen. Auch ich war unter ihnen, lange eh ich die Herkunft dieses Inselnamens, von den Schwierigkeiten seiner Schreibart zu schweigen, mir träumen ließ. Durch ihre Lage war diese Eisbahn keiner andern zu vergleichen und mehr noch durch ihr Leben in den

Jahreszeiten. Denn was machte der Sommer aus den andern? Tennisplätze. Hier jedoch erstreckte unter den weit überhängenden Ästen der Uferbäume sich derselbe See, der mich, gerahmt, im dunklen Speisezimmer bei meiner Großmutter erwartete. Denn man malte ihn damals gern mit seinen labyrinthischen Wasserläufen. Und nun glitt man beim Klang eines Wiener Walzers unter den gleichen Brücken hin, an deren Brüstung gelehnt im Sommer man der trägen Fahrt der Boote durch das dunkle Wasser zusah. Verschlungne Wege gab es in der Nähe und vor allem die abgelegnen Asyle – Bänke „nur für Erwachsene". Das Rondell der Buddelplätze war damit bestellt, in deren Mitte die Kleinen wühlten oder sinnend standen, bis eins sie anstieß oder von der Bank das Kindermädchen rief, das hinterm Wagen gelehrig seinen Schmöker las und beinah ohne emporzusehen das Kind in Zucht hielt.

Soviel von diesen Ufern. Doch der See lebt mir noch in dem Takte der von Schlittschuhn plumpen Füße, die nach einem Streifzuge übers Eis von neuem den Bretterboden fühlten und in eine Bude polterten, in der ein Eisenofen glühte. Nahebei die Bank, wo man die Last an seinen Füßen noch einmal wog, bevor man sich entschloß, sie abzuschnallen. Ruhte dann der Schenkel schräg auf dem Knie und lockerte der Schlittschuh sich, so wars als wüchsen Flügel uns an beiden Sohlen und mit Schritten, die dem gefrorenen Boden zunickten, traten wir ins Freie. Von der Insel brachte Musik mich noch ein Stück nach Haus.

Schmöker

Aus der Schülerbibliothek bekam ich die liebsten. In den unteren Klassen wurden sie zugeteilt. Der Klassenlehrer sagte meinen Namen, und dann machte das Buch über die Bänke seinen Weg; der eine schob es dem anderen zu, oder es schwankte über die Köpfe hin, bis es bei mir, der sich gemeldet hatte, angekommen war. An seinen Blättern haftete die Spur von Fingern, die sie umgeschlagen hatten. Die Kordel, die den Bund abschloß und oben und unten vorstieß, war verschmutzt. Vor allem aber hatte sich der Rücken viel bieten lassen müssen; daher kam es, daß beide Deckelhälften sich von selbst verschoben und der Schnitt des Bandes Treppchen und Terrassen bildete. An seinen Blättern aber hingen, wie Altweibersommer am Geäst der Bäume, bisweilen schwache Fäden eines Netzes, in das ich einst beim Lesenlernen mich verstrickt hatte.

Das Buch lag auf dem viel zu hohen Tisch. Beim Lesen hielt ich mir die Ohren zu. So lautlos hatte ich doch schon einmal erzählen hören. Den Vater freilich nicht. Manchmal jedoch, im Winter, wenn ich in der warmen Stube am Fenster stand, erzählte das Schneegestöber draußen mir so lautlos. Was es erzählte, hatte ich zwar nie genau erfassen können, denn zu dicht und unablässig drängte zwischen dem Altbekannten Neues sich heran. Kaum hatte ich mich einer Flockenschar inniger angeschlossen, erkannte ich, daß sie mich einer anderen hatte überlassen müssen, die plötzlich in sie eingedrungen war. Nun aber war der Augenblick gekommen, im Gestöber der Lettern den Geschichten nachzugehen, die sich am

Fenster mir entzogen hatten. Die fernen Länder, welche mir in ihnen begegneten, spielten vertraulich wie die Flocken umeinander. Und weil die Ferne, wenn es schneit, nicht mehr ins Weite, sondern ins Innere führt, so lagen Babylon und Bagdad, Akko und Alaska, Tromsö und Transvaal in meinem Innern. Die linde Schmökerluft, die sie durchdrang, schmeichelte sie mit Blut und Fährnis so unwiderstehlich meinem Herzen ein, daß es den abgegriffenen Bänden die Treue hielt.

Oder hielt es die Treue älteren, unauffindbaren? Den wundervollen nämlich, die mir nur einmal im Traume wiederzusehen gegeben war? Wie hatten sie geheißen? Ich wußte nichts, als daß es diese längst verschwundenen waren, die ich nie wieder hatte finden können. Nun aber lagen sie in einem Schrank, von dem ich im Erwachen einsehen mußte, daß er mir nie vorher begegnet war. Im Traum schien er mir alt und gut bekannt. Die Bücher standen nicht, sie lagen; und zwar in seiner Wetterecke. In ihnen ging es gewittrig zu. Eins aufzuschlagen, hätte mich mitten in den Schoß geführt, in dem ein wechselnder und trüber Text sich wölkte, der von Farben schwanger war. Es waren brodelnde und flüchtige, immer aber gerieten sie zu einem Violett, das aus dem Innern eines Schlachttiers zu stammen schien. Unnennbar und bedeutungsschwer wie dies verfemte Violett waren die Titel, deren jeder mir sonderbarer und vertrauter vorkam als der vorige. Doch ehe ich des ersten besten mich versichern konnte, war ich erwacht, ohne auch nur im Traum die alten Knabenbücher noch einmal berührt zu haben.

Schülerbibliothek

In einer Pause wurde das erledigt: man sammelte die Bücher ein und dann verteilte man sie neu an die Bewerber. Nicht immer war ich flink genug dabei. Oft sah ich dann ersehnte Bände dem zufallen, der sie nicht zu schätzen wußte. Wie anders war ihre Welt als die der Lesebücher, wo ich in einzelnen Geschichten Tage, ja Wochen im Quartiere liegen mußte wie in Kasernen, welche überm Tor, noch vor der Aufschrift, eine Nummer trugen. Noch schlimmer war es in den Kasematten der vaterländischen Gedichte wo jedwede Zeile eine Zelle war. Wie südlich, linde wehte aus den Büchern, die in der Pause ausgegeben wurden, die laue Schmökerluft mich an. Die Luft, in der der Stefansdom den Türken, die Wien belagerten, herüberwinkte, blauer Rauch sich aus den Pfeifen des Tabakskollegiums wölkte, die Flocken an der Beresina tanzten und fahler Schein Pompeis letzte Tage verkündete. Nur war sie meistens etwas abgestanden, wenn sie aus Oskar Höcker und W.O. von Horn, aus Julius Wolff und Georg Ebers uns entgegenschlug. Am muffigsten jedoch in jenen Bänden „Aus vaterländischer Vergangenheit", die sich so massenhaft in Sexta angesammelt hatten, daß die Wahrscheinlichkeit, um sie herumzukommen und auf einen Band von Wörishöffer oder Dahn zu fallen, klein war. In ihren roten Leinendeckel war ein Hellebardenträger eingepreßt. Schmucke Fähnlein von Reisigen begegneten im Text, dazu ehrsame Handwerksburschen, blonde Töchter von Kastellanen oder Waffenschmieden, Vasallen, die ihrem Herrn den Treueid hielten; aber auch der falsche Truchseß, welcher Ränke spann und fahrende Gesellen, die im Sold des welschen Königs standen, fehlten nicht. Je weniger wir Kaufmannssöhne und Geheimratskinder uns unter all dem Knechts- und Herrenvolke etwas denken konnten, desto besser ging diese festgeschiente, hochgesinnte Welt in unsere Wohnung ein. Das Wappen überm Tor der Ritterburg fand ich im Ledersessel meines Vaters, der vor dem Schreibtisch thronte, Humpen wie sie die Runde an der Tafel Tillys machten, standen auf der Konsole unserer Kachelöfen oder dem Vertiko im Vestibül und Schemel, wie sie in den Mannschaftsstuben, frech über Eck gestellt, den Weg versperrten, standen auf unsern Aubüssons ganz ebenso, nur daß kein Prittwitzscher Dragoner rittlings draufsaß.

In einem Falle aber glückte die Verschmelzung beider Welten nur allzugut. Das war im Zeichen eines Schmökers, dessen Titel gar nicht zum Inhalt paßte. Haften blieb mir nur der Teil, auf den ein Öldruck sich bezog, den ich mit nie vermindertem Entsetzen aufschlug. Ich floh und suchte dieses Bild zugleich; es ging mir damit wie später mit dem Bild im Robinson, das Freitag an der Stelle zeigt, an der er zum erstenmal die Spur von fremden Tritten und unweit Schädel und Gerippe findet.

Doch wieviel dumpfer war das Grauen, das von der Frau im weißen Nachtgewande ausging, die mit offnen Augen doch wie schlafend und sich mit einem Kandelaber leuchtend durch eine Galerie hinwandelte. Die Frau war Kleptomanin. Und dies Wort, in dem ein bleckender und böser Vorklang die beiden schon so geisterhaften Silben „Ahnin" verzerrte wie Hokusai ein Totenantlitz durch ein paar Pinselstriche zum Gespenst macht – dies Wort versteinerte mich vor Entsetzen. Längst stand das Buch – es hieß „Aus eigener

Kraft“ – wieder im Klassenschrank der Sexta als der Flur, der vom berliner Zimmer in die hinteren führte, noch immer jene lange Galerie war, durch die die Schloßfrau nächtlich wandelte. Aber diese Bücher mochten gemütlich oder grauenhaft, langweilig oder spannend sein – nichts konnte ihren Zauber steigern oder mindern. Denn er war nicht auf ihren Inhalt angewiesen, lag vielmehr darin, immer wieder mich der einen Viertelstunde zu versichern, um derentwillen mir das ganze Elend des öden Schulbetriebs erträglich vorkam. Ich stimmte mich auf sie schon wenn ich abends das Buch in meine fertige Mappe steckte, welche von dieser Last nur leichter wurde.

Das Dunkel, das es dort mit meinen Heften, Lehrbüchern, Federkästen teilte, paßte zu dem geheimnisvollen Vorgang, dem es am nächsten Vormittag entgegenharrte. Denn endlich war der Augenblick gekommen, der mich im gleichen Raume, der noch eben Schauplatz meiner Erniedrigung gewesen war, mit jener Fülle von Macht bekleidete, wie sie dem Faust zufällt, wenn Mephistopheles bei ihm erscheint. Was war der Lehrer, der das Podium nun verlassen hatte, um Bücher einzusammeln und am Klassenschrank dann wieder auszugeben, wenn nicht ein niedrer Teufel, der der Macht zu schaden sich entäußern mußte, um im Dienst meiner Gelüste seine Kunst zu zeigen. Und wie schlug jeder seiner schüchternen Versuche fehl, mit einem Hinweis meine Wahl zu lenken. Wie blieb er ganz und gar geprellt als armer Teufel bei seiner Fron zurück, wenn ich schon längst auf einem Zauberteppich unterwegs ins Zelt des letzten Mohikaners oder ins Lager Konradins von Staufen war.

Neuer deutscher Jugendfreund

Die Beseligung, mit welcher man ihn entgegennahm, kaum wagte, einen Blick hineinzuwerfen, war die des Gastes, der auf einem Schlosse angekommen, kaum wagt, mit einem Blicke der Bewunderung die langen Fluchten von Gemächern zu streifen, die er bis zu seinem Zimmer durchschreiten muß. Desto ungeduldiger ist er, sich zurückziehn zu dürfen. Und so hatte ich denn auch kaum alljährlich auf dem Weihnachtstisch den letzten Band des „Neuen deutschen Jugendfreunds" gefunden, als ich mich hinter die Brustwehr seines wappengeschmückten Deckels zurückzog, um in die Waffen- oder Jagdkammer mich vorzutasten, in welcher ich die erste Nacht zubringen wollte. Es gab nichts Schönres als in dieser flüchtigen Durchmusterung des Leselabyrinths die unterirdischen Gänge aufzuspüren, als welche sich die längeren Geschichten, vielfältig unterbrochen, um stets wieder als „Fortsetzung" an das Licht zu treten, durch das Ganze hinzogen. Was tat es, wenn der Duft des Marzipans mit einmal aus dem Pulverdampfe einer Schlacht zu dringen schien, auf deren Bild ich beim verzückten Blättern geraten war. Hatte man aber eine Weile vertieft gesessen und trat dann wieder an den Tisch mit den Geschenken, so stand er nicht mehr wie beim ersten Schritt ins Weihnachtszimmer fast gebietend da, sondern es war als schritte man eine kleine Estrade hinunter, die uns von unserm Geisterschloß wieder in den Abend hinabführte.

Ein Gespenst

Es war ein Abend meines siebenten oder achten Jahres vor unserer babelsberger Sommerwohnung. Eins unserer Mädchen steht noch eine Weile am Gittertor, das auf, ich weiß nicht welche, Allee herausführt. Der große Garten, in dessen verwilderten Randgebieten ich mich herumgetrieben habe, hat sich schon für mich geschlossen. Es ist Zeit zum Zubettgehen geworden. Vielleicht habe ich mich an meinem Lieblingsspiel ersättigt und irgendwo am Drahtzaun im Gestrüpp mit Gummibolzen meiner Heurekapistole nach den hölzernen Vögeln gezielt, die von dem Anprall des Geschosses aus der Scheibe fielen, wo sie, in das gemalte Blattwerk eingelassen, saßen. Den ganzen Tag hatte ich ein Geheimnis für mich behalten – nämlich den Traum der letztvergangenen Nacht. Mir war darinnen ein Gespenst erschienen. Den Ort, an dem es sich zu schaffen machte, hätte ich schwerlich schildern können. Doch hatte er mit einem Ähnlichkeit, der mir bekannt war, wenn auch unzugänglich. Das war im Zimmer, wo die Eltern schliefen, eine Ecke, die ein verschossener, violetter Vorhang von Plüsch verkleidete, und hinter ihm hingen die Morgenröcke meiner Mutter. Das Dunkel hinter der Portiere war unergründlich: der Winkel das verrufene Pendant des lichten Paradieses, das sich mit dem Wäscheschrank der Mutter mir eröffnete. Dessen Bretter, an denen, blaugestickt auf weißen Borten, ein Text aus Schillers „Glocke" sich entlang zog, trugen gestapelt Bett- und Wirtschaftswäsche, Laken, Bezüge, Tischtücher, Servietten. Lavendelduft kam aus den kleinen, prallen, seidenen Sachets, die über dem gefältelten Bezug der Rückwand beider Spindentüren baumelten. So war der alte, geheimnisvolle Wirk- und Webezauber, der einst im Spinnrad seinen Ort besessen, in Himmelreich und Hölle aufgeteilt. Der Traum nun war aus dieser; ein Gespenst, das sich an einem hölzernen Gestell zu schaffen machte, von dem Seiden hingen. Diese Seiden stahl das Gespenst. Es raffte sie nicht an sich, trug sie auch nicht fort; es tat mit ihnen und an ihnen eigentlich nichts. Und dennoch wußte ich: es stahl sie; wie in Sagen die Leute, die ein Geistermahl entdecken, von diesen Geistern, ohne sie doch essend oder trinkend zu gewahren, erkennen, daß sie eine Mahlzeit halten. Dieser Traum war es, den ich für mich behalten hatte. Die Nacht nun, welche auf ihn folgte, bemerkte ich zu ungewohnter Stunde – und es war, als schiebe sich in den vorigen Traum ein zweiter ein – die Eltern in mein Zimmer treten. Daß sie sich bei mir einschlossen, sah ich schon nicht mehr. Am andern Morgen, als ich erwachte, gab es nichts zum Frühstück. Die Wohnung, so begriff ich, war ausgeraubt. Mittags kamen Verwandte mit dem Nötigsten. Eine vielköpfige Verbrecherbande hatte bei Nacht sich eingeschlichen. Und ein Glück, erklärte man, daß das Geräusch im Haus auf ihre Stärke hatte schließen lassen. Bis gegen Morgen hatte der gefährliche Besuch gedauert. Vergebens hatten die Eltern hinter meinem Fenster die Dämmerung erwartet, in der Hoffnung, Signale nach der Straße tun zu können. Auch mich verwickelte man in den Vorfall. Zwar wußte ich nichts über das Verhalten des Mädchens, das am Abend vor dem Gittertor gestanden hatte; aber der Traum der vorvergangenen Nacht schuf mir Gehör. Wie Blaubarts Frau, so schlich die Neugier sich in seine abgelegene Kammer. Und noch im

Sprechen merkte ich mit Schrecken, daß ich ihn nie hätte erzählen dürfen.

Das Pult

Der Arzt fand, ich sei kurzsichtig. Und er verschrieb mir nicht nur eine Brille sondern auch ein Pult. Es war sehr sinnreich konstruiert. Man konnte den Sitz verstellen, derart daß er näher oder entfernter vor der Platte lag, die abgeschrägt war und zum Schreiben diente, dazu der waagerechte Balken an der Lehne, welcher dem Rücken einen Halt bot, nicht zu reden von einer kleinen Bücherstütze, die das Ganze krönte und verschiebbar war. Das Pult am Fenster wurde bald mein Lieblingsplatz. Der kleine Schrank, der unter seinem Sitz verborgen war, enthielt nicht nur die Bücher, die ich in der Schule brauchte, sondern auch das Album mit den Marken und die drei, die von der Ansichtskartensammlung eingenommen wurden. Und an dem starken Haken an der Seite des Pults hing nicht nur, neben dem Frühstückskörbchen, meine Mappe sondern auch der Säbel der Husarenuniform und die Botanisiertrommel. Oft war es, wenn ich aus der Schule kam, mein Erstes, mit meinem Pulte Wiedersehn zu feiern, indem ich es zum Schauplatz irgend einer meiner geliebtesten Beschäftigungen machte – des Abziehns zum Beispiel. Dann stand bald eine Tasse mit warmem Wasser an der Stelle, die vorher vom Tintenfasse eingenommen wurde und ich begann, die Bilder auszuschneiden. Wieviel verhieß der Schleier, hinter dem sie aus Bögen und aus Heften auf mich starrten. Der Schuster über seinem Leisten und die Kinder, die äpfelpflückend auf dem Baume sitzen, der Milchmann vor der winterlich verschneiten Tür, der Tiger, der sich zum Sprunge auf den Jäger duckt, aus dessen Büchse gerade Feuer kommt, der Angler im Gras vor seinem blauen Bächlein und die Klasse, die auf den Lehrer achtet, welcher ihr vorn an der Tafel etwas vormacht, der Drogist vor seinem reichbestellten bunten Laden, der Leuchtturm mit dem Segelboot davor – sie alle waren von einem Nebelhauche überzogen. Wenn sie dann aber sanft durchleuchtet auf dem Blatte ruhten und unter meinen Fingerspitzen, die vorsichtig rollend, schabend, reibend auf ihrem Rücken hin- und widerfuhren, die. dicke Schicht in dünnen Walzen abging, zuletzt auf ihrem rissigen, geschundnen Rücken in kleinen Fleckchen süß und unverstellt die Farbe durchbrach, war's als ginge über der trüben, morgendlich verwaschnen Welt die strahlende Septembersonne auf und alles, noch durchfeuchtet von dem Tau, der in der Dämmerung es erfrischte, glühe nun einem neuen Schöpfungstag entgegen. Doch hatte ich genug an diesem Spiel, so fand sich immer noch ein Vorwand um die Schularbeiten weiter zu vertagen. Gern ging ich an die Durchsicht alter Hefte, die einen ganz besonderen Wert dadurch besaßen, daß mir's gelungen war, sie vor dem Zugriff des Lehrers, der den Anspruch auf sie hatte, zu bewahren. Nun ließ ich meinen Blick auf den Zensuren, die er mit roter Tinte darin eingetragen hatte, ruhen und stille Lust erfüllte mich dabei. Denn wie die Namen Verstorbner auf dem Grabstein, die nun nie mehr von Nutzen noch von Schaden werden können, standen die Noten da, die ihre Kraft an frühere Zensuren abgegeben hatten. Auf andere Art und mit noch besserem Gewissen ließ eine Stunde auf dem Pulte sich beim Basteln an Heften oder

Schulbüchern vertrödeln. Die Bücher mußten einen Umschlag aus kräftigem blauen Packpapier erhalten, und was die Hefte anging, so bestand die Vorschrift, einem jeden sein Löschblatt unverlierbar beizugeben. Zu diesem Zwecke gab es kleine Bändchen, die man in allen Farben kaufen konnte. Am Deckel jedes Hefts und auf dem Löschblatt befestigte man diese Bändchen mit Oblaten. Wenn man für einigen Farbenreichtum sorgte, so konnte man zu sehr verschiedenartigen, den stimmungsvollsten wie den grellsten Arrangements gelangen. So hatte das Pult zwar mit der Schulbank Ähnlichkeit. Doch umso besser, daß ich dennoch dort geborgen war und Raum für Dinge hatte, von denen sie nichts wissen darf. Das Pult und ich, wir hielten gegen sie zusammen. Und ich hatte es nach ödem Schultag kaum zurückgewonnen, so gab es frische Kräfte an mich ab. Nicht nur zu Hause durfte ich mich fühlen, nein im Gehäuse, wie nur einer der Kleriker, die auf den mittelalterlichen Bildern in ihrem Betstuhl oder Schreibepult gleichwie in einem Panzer zu sehen sind. In diesem Bau begann ich „Soll und Haben“ und „Zwei Städte“. Ich suchte mir die stillste Zeit am Tag und diesen abgeschiedensten von allen Plätzen. Danach schlug ich die erste Seite auf und war dabei so feierlich gestimmt wie jemand, der den Fuß auf einen neuen Erdteil setzt. Auch war es in der Tat ein neuer Erdteil, auf dem die Krim und Kairo, Babylon und Bagdad, Alaska und Taschkent, Delphi und Detroit so nah sich aufeinanderschoben wie die goldenen Medaillen auf den Zigarrenkisten, die ich sammelte. Nichts tröstlicher als derart eingeschlossen von allen Instrumenten meiner Qual – Vokabelheften, Zirkeln, Wörterbüchern zu weilen, wo ihr Anspruch nichtig wurde.

Ein Weihnachtsengel

Mit den Tannenbäumen begann es. Eines Morgens, als wir zur Schule gingen, hafteten an den Straßenecken die grünen Siegel, die die Stadt wie ein großes Weihnachtspaket an hundert Ecken und Kanten zu sichern schienen. Dann barst sie eines schönen Tages dennoch, und Spielzeug, Nüsse, Stroh und Baumschmuck quollen aus ihrem Innern: der Weihnachtsmarkt. Mit ihnen aber quoll noch etwas anderes hervor: die Armut. Wie nämlich Äpfel und Nüsse mit ein wenig Schaumgold neben dem Marzipan sich auf dem Weihnachtsteller zeigen durften, so auch die armen Leute mit Lametta und bunten Kerzen in den besseren Vierteln.

Die Reichen aber schickten ihre Kinder vor, um denen der Armen wollene Schäfchen abzukaufen oder Almosen auszuteilen, die sie selbst vor Scham nicht über ihre Hände brachten. Inzwischen stand bereits auf der Veranda der Baum, den meine Mutter insgeheim gekauft und über die Hintertreppe in die Wohnung hatte bringen lassen. Und wunderbarer als alles, was das Kerzenlicht ihm gab, war, wie das nahe Fest in seine Zweige mit jedem Tage dichter sich verspann. In den Höfen begannen die Leierkasten die letzte Frist mit Chorälen zu dehnen. Endlich war sie dennoch verstrichen und einer jener Tage wieder da, an deren frühesten ich mich hier erinnere.

In meinem Zimmer wartete ich, bis es sechs werden wollte. Kein Fest des späteren Lebens kennt diese Stunde, die wie ein Pfeil im Herzen des Tages zittert. Es war schon dunkel; trotzdem entzündete ich nicht die Lampe, um den Blick nicht von den Fenstern überm Hof zu wenden, hinter denen nun die ersten Kerzen zu sehen waren.

Es war von allen Augenblicken, die das Dasein des Weihnachtsbaumes hat, der bänglichste, in dem er Nadeln und Geäst dem Dunkel opfert, um nichts zu sein als nur ein unnahbares und doch nahes Sternbild im trüben Fenster einer Hinterwohnung. Doch wie ein solches Sternbild hin und wieder eins der verlassenen Fenster begnadete, indessen viele weiter dunkel blieben und andere noch trauriger im Gaslicht der früheren Abende verkümmerten, schien mir, daß diese weihnachtlichen Fenster die Einsamkeit, das Alter und das Darben – all das, wovon die armen Leute schwiegen – in sich faßten.

Dann fiel mir wieder die Bescherung ein, die meine Eltern eben rüsteten. Kaum aber hatte ich so schweren Herzens, wie nur die Nähe eines sichern Glücks es macht, mich von dem Fenster abgewandt, so spürte ich eine fremde Gegenwart im Raum. Es war nichts als ein Wind, so daß die Worte, die sich auf meinen Lippen bildeten, wie Falten waren, die ein träges Segel plötzlich vor einer frischen Brise wirft: „Alle Jahre wieder, kommt das Christuskind, auf die Erde nieder, wo wir Menschen sind" – mit diesen Worten hatte sich der Engel, der in ihnen begonnen hatte, sich zu bilden, auch verflüchtigt. Doch nicht mehr lange blieb ich im leeren Zimmer. Man rief mich in das gegenüberliegende, in dem der Baum nun in die Glorie eingegangen war, welche ihn mir entfremdete, bis er, des Untersatzes beraubt, im Schnee verschüttet oder im Regen glänzend, das Fest da endete, wo es ein Leierkasten begonnen hatte.

Schränke

Der erste Schrank, der aufging, wann ich wollte, war die Kommode. Ich hatte nur am Knopf zu ziehen, so schnappte die Tür aus ihrem Schlosse mir entgegen. Drinnen lag meine Wäsche aufbewahrt. Unter all meinen Hemden, Hosen, Leibchen, die dort gelegen haben müssen und von denen ich nichts mehr weiß, war aber etwas, das sich nicht verloren hat und mir den Zugang zu diesem Schranke stets von neuem lockend und abenteuerlich erscheinen ließ. Ich mußte mir Bahn bis in den hinteren Winkel machen; dann stieß ich auf meine Strümpfe, welche da gehäuft und in althergebrachter Art, gerollt und eingeschlagen, ruhten, so daß jedes Paar das Aussehen einer kleinen Tasche hatte. Nichts ging mir über das Vergnügen, meine Hand so tief wie möglich in ihr Inneres zu versenken. Und nicht nur ihrer wolligen Wärme wegen. Es war „Das Mitgebrachte", das ich immer im eingerollten Innern in der Hand hielt und das mich derart in die Tiefe zog. Wenn ich es mit der Faust umspannt und mich nach Kräften in dem Besitz der weichen, wollenen Masse bestätigt hatte, fing der zweite Teil des Spiels an, der die atemraubende Enthüllung brachte. Denn nun ging ich daran, „Das Mitgebrachte" aus seiner wollenen Tasche auszuwickeln. Ich zog es immer näher an mich heran, bis das Bestürzende vollzogen war: „Das Mitgebrachte" seiner Tasche ganz entwunden, jedoch sie selbst nicht mehr vorhanden war. Nicht oft genug konnte ich so die Probe auf jene rätselhafte Wahrheit machen: daß Form und Inhalt, Hülle und Verhülltes, „Das Mitgebrachte" und die Tasche eines waren. Eines – und zwar ein Drittes: jener Strumpf, in den sie beide sich verwandelt hatten.

Bedenke ich, wie unersättlich ich gewesen bin, dies Wunder zu beschwören, so bin ich sehr versucht, in meinem Kunstgriff ein kleines, schwesterliches Gegenstück der Märchen zu vermuten, welche gleichfalls mich in die Geister- oder Zauberwelt einluden, um am Schluß mich gleich unfehlbar der schlichten Wirklichkeit zurückzugeben, die mich so tröstlich aufnahm wie ein Strumpf. Danach vergingen Jahre. Mein Vertrauen in die Magie war schon erschüttert; schärferer Reize bedurfte es, um es zurückzubringen. Ich begann sie im Sonderbaren, Schrecklichen, Verwunschenen zu suchen, und auch diesmal war's ein Schrank, vor dem ich sie zu kosten trachtete. Aber das Spiel war ein gewagteres. Mit der Unschuld war es vorbei und ein Verbot erschuf es. Verboten nämlich waren mir die Schriften, von denen ich mir reichlichen Ersatz für die verlorene Märchenwelt versprach. Zwar blieben mir die Titel – „Die Fermate", „Das Majorat", „Heimatochare" – dunkel. Jedoch für alle, die ich nicht verstand, hatte der Name „Gespenster-Hoffmann" und die strenge Weisung, ihn niemals aufzuschlagen, mir zu bürgen. Endlich gelang es mir, zu ihnen vorzustoßen. Vormittags konnte es sich treffen, daß ich von der Schule schon zurück war, ehe noch die Mutter aus der Stadt, mein Vater aus dem Geschäft nach Hause gekommen waren. An solchen Tagen ging ich ohne die geringste Zeitversäumnis an den Bücherschrank. Das war ein sonderbares Möbel; der Fassade konnte man es nicht ansehen, daß es Bücher beherbergte. Seine Türen trugen im Innern ihres Eichenrahmens Füllungen, die aus Glas bestanden. Und zwar setzten sie sich aus kleinen Butzenscheiben zusammen, welche, jede einzelne, mit einer bleiernen Umfassung von den benachbarten geschieden waren. Die Butzenscheiben aber waren rot und grün und gelb gefärbt und völlig undurchsichtig. So war das Glas an diesen Türen Unfug, und als wolle es Rache für ein Schicksal nehmen, das es so mißbraucht hatte, glänzte es in vielen verdrießlichen Reflexen, welche keinen in seine Nähe luden. Doch wenn mich damals die ungute Luft, die um dies Möbel witterte, betroffen hätte, so wäre sie mir nur ein Anreiz mehr für den Handstreich gewesen, den ich in dieser tauben, hellen und gefährlichen Vormittagsstunde darauf plante. Ich riß die Flügel auf, ertastete den Band, den ich nicht in der Reihe, sondern im Dunkeln hinter ihr zu suchen hatte, erblätterte mir fieberhaft die Seite, auf der ich stehengeblieben war, und ohne mich vom Fleck zu rühren, fing ich an, die Blätter vor der offenen Schranktür überfliegend, die Zeit, bis meine Eltern kamen, auszunutzen. Von dem, was ich las, verstand ich nichts. Jedoch die Schrecken jeder Geisterstimme und jeder Mitternacht und jedes Fluchs steigerten und vollendeten sich durch die Ängste des Ohrs, das jeden Augenblick den Laut des Wohnungsschlüssels und den dumpfen Stoß erwartete, mit welchem der Spazierstock des Vaters draußen in den Ständer fiel. – Es war ein Zeichen der Sonderstellung, die die geistigen Güter im Haus behaupteten, daß dieser Schrank als einziger unter allen offenblieb. Denn zu den anderen gab es keinen Zugang als durch den Schlüsselkorb, der jede Hausfrau in jenen Jahren überall im Haus begleitete, um doch auf Schritt und Tritt von ihr vermißt zu werden. Das Scheppern des Schlüsselhaufens, welchen sie durchwühlte, ging jedem Hausgeschäft voraus; es war das Chaos, das darin aufbegehrte, ehe das Bild der heiligen Ordnung hinter den weitoffenen Schranktüren wie im Grund des Altarschreins zu uns hinübergrüßte. Auch von mir verlangte es Verehrung und selbst Opfer. Nach jedem Weihnachts- und Geburtstagsfest war zu entscheiden, welches der Geschenke dem „neuen Schrank" zu stiften sei, zu dem die Mutter mir den Schlüssel aufbewahrte. Alles Verschlossene blieb länger neu. Doch nicht das Neue zu halten, sondern das Alte zu erneuern lag in meinem Sinn. Das Alte zu erneuern dadurch, daß ich selbst, der Neuling, mir's zum Meinen machte, war das Werk der Sammlung, die sich mir im Schubfach häufte. Jeder Stein, den ich fand, jede gepflückte Blume und jeder gefangene Schmetterling war mir schon Anfang einer Sammlung, und alles, was ich überhaupt besaß, machte mir eine einzige Sammlung aus. „Aufräumen" hätte einen Bau vernichtet voll stachliger Kastanien, die Morgensterne, Stanniolpapiere, die ein Silberhort, Bauklötze, die Särge, Kakteen, die Totembäume, und Kupferpfennige, die Schilde waren. So wuchs und so vermummte sich die Habe der Kindheit in den Fächern, Läden, Kästen. Und was einst aus dem alten Bauernhaus ins Märchen einging – jene letzte Kammer, die dem Marienkind verboten ist – das ist im Großstadthaus zum Schrank geschrumpft. Der düsterste von allen aber war im Hausstand jener Tage das Büfett. Ja, was ein Speisezimmer und sein dumpfes Mysterium war, ermaß nur der, dem es einmal gelang, das Mißverhältnis der Tür zum breiten, massigen und bis zur Decke aufgegipfelten Büfett sich klarzumachen. Es schien auf seinen Platz im Raume so verbürgte Rechte zu haben wie auf jenen in der Zeit, in die es als Zeuge einer Stammverwandtschaft ragte, die einst in grauer Frühe Immobilien und Mobiliar verbunden haben mochte. Die Reinmachfrau, die alles ringsumher entvölkerte, kam ihm nicht bei. Sie konnte nur die Silberkübel und Terrinen, die Delfter Vasen und Majoliken, die bronzenen Urnen und die Glaspokale, die in seinen Nischen und unter seinen Muschelbaldachinen, auf seinen Terrassen und Estraden, zwischen seinen Portalen und vor seinen Täfelungen standen, abtragen und im Nebenzimmer häufen. Die steile Höh, auf der sie thronten, machte sie jeder praktischen Verwendung fremd. Darum sah das Büfett mit gutem Grund den Tempelbergen ähnlich. Auch konnte es mit Schätzen prunken, wie die Götzen sie gern um sich haben. Dafür war dann der Tag, an dem Gesellschaft war, der rechte. Schon mittags öffnete sich sein Massiv, um mich in seinen Schächten, die mit Samt wie mit graugrünem Moos bezogen waren, den Silberhort des Hauses sehen zu lassen. Was aber dort auch lag, das war nicht zehnfach, nein zwanzig- oder dreißigfach vorhanden. Und wenn ich diese langen, langen Reihen von Mokkalöffeln oder Messerbänkchen, Obstmessern oder Austerngabeln sah, stritt mit der Lust an dieser Fülle Angst, als sähen die, die nun erwartet wurden, einander gleich wie unsere Tischbestecke.

Bettler und Huren

In meiner Kindheit war ich ein Gefangener des alten und neuen Westens. Mein Clan bewohnte diese beiden Viertel damals in einer Haltung, die gemischt war aus Verbissenheit und Selbstgefühl und die aus ihnen ein Ghetto machte, das er als sein Lehen betrachtete.

In dies Quartier Besitzender blieb ich geschlossen, ohne um ein anderes zu wissen. Die Armen – für die reichen Kinder meines Alters gab es sie nur als Bettler. Und es war ein großer Fortschritt der Erkenntnis, als mir zum erstenmal die Armut in der Schmach der schlechtbezahlten Arbeit dämmerte. Das war in einer kleinen Niederschrift, vielleicht der ersten, die ich ganz für mich selbst verfaßte. Sie hatte es mit einem Mann zu tun, der Zettel austeilt und mit den Erniedrigungen, die er durch ein Publikum erfährt, das für die Zettel kein Interesse hat. So kommt es, daß der Arme – damit schloß ich – sich heimlich seines ganzen Packs entledigt. Gewiß die unfruchtbarste Bereinigung der Lage. Aber keine andere Form der Revolte ging mir damals ein als die der Sabotage; diese freilich aus eigenster Erfahrung. Auf sie griff ich zurück, wenn ich der Mutter mich zu entziehen suchte. Am liebsten aber bei den „Besorgungen", und zwar mit einem verstockten Eigensinn, der meine Mutter oft zur Verzweiflung brachte. Ich hatte nämlich die Gewohnheit angenommen, immer um einen halben Schritt zurückzubleiben. Es war als wolle ich in keinem Falle eine Front, und sei es mit der eigenen Mutter, bilden. Wieviel ich dieser träumerischen Resistenz bei den gemeinschaftlichen Gängen durch die Stadt zu danken hatte, fand sich später, als ihr Labyrinth sich dem Geschlechtstrieb öffnete. Der aber suchte mit seinem ersten Tasten nicht den Leib, sondern die ganz verworfene Psyche, deren Flügel faulig im Scheine einer Gaslaterne glänzten oder noch unentfaltet unterm Pelz, in welchen sie verpuppt war, schlummerten. Ein Blick, der nicht den dritten Teil von dem zu sehen scheint, was er in Wahrheit umfaßte, kam mir nun zugut. Schon damals aber als noch meine Mutter mein

Brödeln und verschlafenes Schlendern schalt, spürte ich dumpf die Möglichkeit, im Bund mit diesen Straßen, in denen ich mich scheinbar nicht zurechtfand, mich später ihrer Herrschaft zu entziehn. Kein Zweifel jedenfalls, daß ein Gefühl – ein trügerisches leider – ihr und ihrer und meiner eignen Klasse abzusagen, Schuld an dem beispiellosen Anreiz trug, auf offener Straße eine Hure anzusprechen. Stunden konnte es dauern, bis es dahin kam. Das Grauen, das ich dabei fühlte, war das gleiche, mit dem mich ein Automat erfüllt hätte, den in Betrieb zu setzen, es an einer Frage genug gewesen wäre. Und so warf ich denn meine Stimme durch den Schlitz. Dann sauste das Blut in meinen Ohren und ich war nicht fähig, die Worte, die da vor mir aus dem stark geschminkten Munde fielen, aufzulesen. Ich lief davon, um in der gleichen Nacht – wie häufig noch – den tollkühnen Versuch zu wiederholen. Wenn ich dann, manchesmal schon gegen Morgen, in einer Torfahrt innehielt, hatte ich mich in die asphaltenen Bänder der Straße hoffnungslos verstrickt, und die saubersten Hände waren es nicht, die mich freimachten.

Winterabend

Manchmal nahm mich an Winterabenden meine Mutter zum Kaufmann mit. Es war ein dunkles, unbekanntes Berlin, das sich im Gaslicht vor mir ausbreitete. Wir blieben im alten Westen, dessen Straßenzüge einträchtiger und anspruchsloser waren als die später bevorzugten. Die Erker und Säulen gewahrte man nicht mehr deutlich, und in die Fassaden war Licht getreten. Lag es an den

Mullgardinen, den Stores oder dem Gasstrumpf unter der Hängelampe – dies Licht verriet von den erleuchteten Zimmern wenig. Es hatte es nur mit sich selbst zu tun. Es zog mich an und machte mich nachdenklich. Das tut es in der Erinnerung heute noch. Dabei geleitet es mich am liebsten zu einer von meinen Ansichtskarten. Sie stellte einen Berliner Platz dar. Die Häuser, die ihn umgaben, waren von zartem Blau, der nächtliche Himmel, an dem der Mond stand, von dunklerem. Der Mond und die sämtlichen Fenster waren in der blauen Kartonschicht ausgespart. Sie wollten gegen die Lampe gehalten werden, dann brach ein gelber Schein aus den Wolken und Fensterreihen. Ich kannte die abgebildete Gegend nicht. „Hallesches Tor" stand darunter. Tor und Halle traten in ihr zusammen und bildeten die erhellte Grotte, in welcher ich die Erinnerung an das winterliche Berlin vorfinde.

Der Nähkasten

Die Spindel kannten wir nicht mehr, die das Dornröschen stach und es in hundertjährigen Schlaf versenkte. Aber wie Schneewittchens Mutter, die Königin, am Fenster saß, wenn es schneite, so hat auch unsere Mutter mit dem Nähzeug am Fenster gesessen, und nur darum fielen keine drei Tropfen Blut, weil sie einen Fingerhut bei der Arbeit trug. Dafür war dessen Kuppe selbst von blassem Rot, und kleine Vertiefungen wie Spuren früherer Stiche verzierten sie. Hielt man ihn aber gegens Licht, so glühte er am Ende seiner finsteren Höhlung, in der unser Zeigefinger so gut Bescheid wußte. Denn gern bemächtigten wir uns der kleinen

Krone, die im Verborgenen uns bekrönen könnte. Wenn ich sie auf den Finger schob, begriff ich, wie meine Mutter für die Dienstmädchen hieß. Sie meinten „gnädige Frau“, verstümmelten jedoch das erste Wort, so schien mir lange, daß sie Näh-Frau sagten. Man hätte keinen Titel finden können, in welchem sich die Machtvollkommenheit der Mutter einleuchtender für mich bekundet hätte.

Wie alle echten Herrschersitze hatte auch der ihre am Nähtisch seinen Bannkreis. Und bisweilen bekam ich ihn zu spüren. Unbeweglich, mit angehaltenem Atem stand ich drin. Die Mutter aber hatte gerade eben entdeckt, es sei, eh ich sie auf Besuch oder zu Einkäufen begleiten dürfe, an meinem Anzug etwas auszubessern. Und nun hielt sie den Ärmel meiner Matrosenbluse, in welchem ich den Arm schon stecken hatte, in der Hand, um den blauweißen Aufschlag festzunähen oder sie gab mit ein paar schnellen Stichen dem seidenen Schifferknoten seinen „Pli“. Ich aber stand dabei und kaute an dem schweißigen Gummibande meiner Mütze, das mir sauer schmeckte.

In solchen Augenblicken, da das Nähzeug am strengsten über mich gebot, begann Trotz und Empörung sich in mir zu melden. Nicht nur, weil diese Sorge für den Anzug, den ich doch schon am Körper hatte, die Geduld auf eine allzu harte Probe stellte, nein, mehr noch, weil, was mit mir vorgenommen wurde, nicht in dem mindesten Verhältnis stand zu dem vielfarbigen Aufgebot der Seiden, den feinen Nadeln und den Scheren in verschiedenen Größen, welche vor mir lagen. Zweifel beschlichen mich, ob dieser

Kasten von Haus aus überhaupt zum Nähen sei – sie waren denen ähnlich, die mich jetzt manchmal auf offener Straße überfallen, wenn ich von weitem nicht entscheiden kann, ob ich vor Augen eine Konfiserie oder eine Friseurauslage habe. Und schwerlich hätte ich mich sehr gewundert, wenn bei den Spulen eine redende, die Spule Odradek, gelegen hätte, die ich fast vierzig Jahre später kennen lernte. Zwar nennt der Dichter diese redende und rätselhafte, welche auf den Treppen und in den Zimmerecken sich herumtreibt, „die Sorge des Hausvaters". Das wird aber der Vorstand einer jener zweideutigen Familien sein, bei denen sich die Geschlechtsverhältnisse verkehren. Soviel zumindest spürte ich schon damals, daß die Zwirn- und Garnrollen mich mit verrufener Lockung peinigten. Und zwar war deren Sitz in ihrem Hohlraum, in dem früher die Achse kreiste, deren schnelle Drehung den Faden auf die Rolle wickelte. Nachher verschwand dies Loch auf beiden Seiten unter der Oblate, die meistens schwarz war und mit goldenem Aufdruck den Firmennamen und die Nummer trug. Zu groß war die Versuchung, meine Fingerspitzen gegen die Mitte der Oblate anzustemmen, zu innig die Befriedigung, wenn sie riß und ich das Loch darunter tastete.

Neben der oberen Region des Kastens, wo diese Rollen beieinanderlagen, die schwarzen Nadelbücher blinkten, und die Scheren jede in ihrer Lederscheide steckten, gab es den finstern Untergrund, den Wust, in dem der aufgelöste Knäuel regierte, Reste von Gummibändern, Haken, Ösen und Seidenfetzen beieinanderlagen. Auch Knöpfe waren unter diesem Ausschuß; manche von solcher Form, wie man sie nie an irgend einem Kleid gesehen hat. Ähnliche fand ich sehr viel später wieder: da waren es die Räder an dem Wagen des Donnergottes Thor, wie ihn ein kleiner Magister um die Mitte des Jahrhunderts in einem Schulbuch abgebildet hat. Soviele Jahre also brauchte es, bis sich mein Argwohn, dieser ganze Kasten sei anderem vorbestimmt als Näharbeiten, vor einem blassen Bildchen bestätigt hat.

Schneewittchens Mutter näht und draußen schneit es. Je stiller es im Land wird, desto mehr kommt dieses stillste Hausgeschäft zu Ehren. Je früher am Tag es dunkel wurde, desto öfter erbaten wir die Schere. Eine Stunde verbrachten nun auch wir mit unsern Augen der Nadel folgend, von der trag ein dicker, wollener Faden herunterhing. Denn ohne es zu sagen, hatte jedes sich seine Ausnähsachen vorgenommen – Pappteller, Tintenwischer, Futterale –, in die es nach der Zeichnung Blumen nähte. Und während das Papier mit leisem Knacken der Nadel ihre Bahn freimachte, gab ich hin und wieder der Versuchung nach, mich in das Netzwerk auf der Hinterseite zu vergaffen, das mit jedem Stich, mit dem ich vorn dem Ziele näherkam, verworrener wurde.

Unglücksfälle und Verbrechen

Die Stadt versprach sie mir mit jedem Tag aufs neue und am Abend war sie sie schuldig geblieben. Tauchten sie auf, so waren sie, wenn ich an Ort und Stelle kam, schon wieder fort, wie Götter, die nur Augenblicke für die Sterblichen übrig haben. Ein ausgeraubtes Schaufenster, das Haus, aus dem man einen Toten getragen hatte, die Stelle auf dem Fahrdamm, wo ein Pferd gestürzt war – ich faßte vor ihnen Fuß, um an dem flüchtigen Hauch, den dies Geschehn zurückgelassen hatte, mich zu sättigen. Da war er auch schon wieder hin – zerstreut und fortgetragen von dem Haufen Neugieriger, die sich in alle Winde verlaufen hatten. Wer konnte es mit der Feuerwehr aufnehmen, die von ihren Rennern zu unbekannten Brandstätten befördert wurde, wer durch die Milchglasscheiben in das Innere der Krankenwagen blicken? Auf diesen Wagen glitt und stürzte Unglück, dessen Fährte ich nicht erhaschen konnte, durch die Straßen. Doch hatte es noch seltsamere Vehikel, die freilich ihr Geheimnis eigensinnig wie die Zigeunerwagen hüteten. Und auch an ihnen waren es die Fenster, in denen es mir nicht geheuer schien. Eiserne Stäbchen hielten sie verwahrt. Und wenn ihr Abstand auch so winzig war, daß keinesfalls ein Mensch sich durch sie hätte zwängen können, hing ich doch immer den Missetätern nach, die drinnen, wie ich mir erzählte, gefangen saßen. Ich wußte damals nicht, daß das nur Wagen für die Beförderung von Akten waren, begriff sie aber darum nur noch besser als stickige Behältnisse des Unheils. Auch der Kanal, in dem das Wasser doch so dunkel und so langsam trieb, als sei es mit allem Traurigen auf Du und Du, hielt mich von einem Mal zum andern hin. Umsonst war jede seiner vielen Brücken mit einem Rettungsring dem Tod verlobt. So oft ich sie passierte, fand ich sie jungfräulich. Und am Ende lernte ich, mich mit den Tafeln zu begnügen, die Wiederbelebungsversuche an Ertrunkenen zeigen. Doch diese Akte blieben mir so fern wie die steinernen Krieger des Pergamon-Museums.

Für das Unglück war überall vorgesorgt; die Stadt und ich hätten es weich gebettet, aber nirgends ließ es sich sehn. Ja, wenn ich durch die festgeschlossenen Laden in das Elisabeth-Krankenhaus hätte blicken können! Es war mir, wenn ich durch die Lützowstraße kam, aufgefallen, daß manche Laden hier am hellen Tage geschlossen waren. Auf meine Frage hatte ich erfahren, in solchen Zimmern lägen „die Schwerkranken“. Die Juden, wenn sie von dem Todesengel erzählen hörten, der mit seinem Finger die Häuser der Ägypter bezeichnete, deren Erstgeburt sterben sollte, mögen sich diese Häuser so mit Grauen vergegenwärtigt haben wie ich mir die Fenster, deren Laden geschlossen blieben. Aber tat er wirklich sein Werk – der Todesengel? Oder gingen dann eines Tages doch die Laden auf, und legte sich der Schwerkranke als Genesender ins Fenster? Hätte man ihm nicht nachhelfen mögen dem Tod, dem Feuer oder auch nur dem Hagel, der gegen meine Scheiben trommelte, ohne jemals sie zu durchschlagen? Und ist es wunderbar, daß, als nun endlich Unglück und Verbrechen zur Stelle waren, dieses Erlebnis alles um sich her – ja auch die Schwelle zwischen Traum und Wirklichkeit – zunichte machte? So weiß ich nicht mehr, ob es einem Traum entstammt oder nur vielfach in ihm wiederkehrte. In jedem Fall war es im Augenblick bei der Berührung mit der „Kette“ gegenwärtig.

„Vergiß nicht, erst die Kette vorzumachen“ hieß es, wenn mir gestattet worden war, die Tür zu öffnen. Die Angst vor einem Fuße, der sich in die Tür stemmt, ist mir durch meine Kindheit treu geblieben. Und in der Mitte dieser Ängste dehnt sich endlos wie die Höllenqual das Schrecknis, das offenbar nur eingetreten war, weil nicht die Kette vorlag. Im Arbeitszimmer meines Vaters steht ein Herr. Er ist nicht schlecht gekleidet, und er scheint die Gegenwart der Mutter gar nicht zu bemerken, spricht über sie hinweg, als ob sie Luft wäre. Erst recht ist meine Gegenwart im Nebenzimmer für ihn unbeträchtlich. Der Ton, in dem er spricht, ist vielleicht höflich und wohl kaum sehr drohend. Gefährlicher ist eine Stille, wenn er schweigt. In dieser Wohnung ist kein Telefon. Das Leben meines Vaters hängt an einem Haar. Vielleicht wird er das nicht erkennen und, indem er vom Sekretär, den zu verlassen er noch gar nicht Zeit fand, aufsteht, um den Herrn, der eindrang und längst Fuß gefaßt hat, hinauszuweisen, wird dieser ihm zuvorgekommen sein, abschließen und den Schlüssel an sich nehmen. Dem Vater ist der Rückzug abgeschnitten, und mit der Mutter hat der andre es auch weiter nicht zu tun. Ja das Entsetzlichste an ihm ist seine Weise, sie zu übersehen, als wenn sie mit ihm, dem Mörder und Erpresser, im Bunde wäre.

Weil auch diese finstere Heimsuchung ging, ohne mir ihr Rätselwort zu hinterlassen, habe ich immer den verstanden, der zum ersten besten Feuermelder flüchtet. Sie stehen als Altäre an der Straße, vor denen man zur Unglücksgöttin fleht. Dann stellte ich mir, noch erregender als das Erscheinen des Wagens, die Minute vor, in der man als einziger Passant sein noch entferntes Sturmsignal erlauscht. Fast immer aber hatte man an ihm den besten Teil des Unheils schon dahin. Denn selbst im Falle, daß es brannte, war vom Feuer nichts zu sehn. Es schien, als ob die Stadt die seltene Flamme mit Eifersucht betreue, tief im Innern des Hofes oder Dachgestühls sie nähre und jedermann den Anblick dieses hitzigen, prächtigen Geflügels, das sie sich da gezogen hatte, neide. Feuerwehrleute kamen ab und zu von drinnen, doch sie sahen nicht aus als seien sie den Anblick wert, von dem sie voll sein mußten. Wenn dann ein zweiter Zug mit Schläuchen, Leitern und Boilern vorgefahren kam, so schien er nach den ersten eiligen Manövern sich in den gleichen Schlendrian hineinzufinden und der robuste und behelmte Nachschub mehr Hüter eines unsichtbaren Feuers als sein Feind. Meist aber kamen keine Wagen nach, sondern auf einmal merkte man, daß auch die Polizei verschwunden und das Feuer abgelöscht war. Keiner wollte einem bestätigen, es sei angelegt gewesen.

Loggien

Wie eine Mutter, die das Neugeborene an ihre Brust legt, ohne es zu wecken, verfährt das Leben lange Zeit mit der noch zarten Erinnerung an die Kindheit. Nichts kräftigte die meine inniger als der Blick in Höfe, von deren dunklen Loggien eine, die im Sommer von Markisen beschattet wurde, für mich die Wiege war, in die die Stadt den neuen Bürger legte. Die Karyatiden, die die Loggia des nächsten Stockwerks trugen, mochten ihren Platz für einen Augenblick verlassen, um an dieser Wiege ein Lied zu singen, das zwar fast nichts von dem enthielt, was später auf mich wartete, dafür jedoch den Spruch, durch den die Luft der Höfe mir auf immer berauschend blieb. Ich glaube, daß ein Beisatz dieser Luft noch um die Weinberge von Capri war, in denen ich die Geliebte umschlungen hielt; und es ist eben diese Luft, in der die Bilder und Allegorien stehen, die über meinem Denken herrschen wie die Karyatiden auf der Loggienhöhe über die Höfe des Berliner Westens.

Der Takt der Stadtbahn und des Teppichklopfens wiegte mich da in Schlaf. Er war die Mulde, in der sich meine Träume bildeten. Zuerst die ungestalten, die vielleicht vom Schwall des Wassers oder dem Geruch der Milch durchzogen waren; dann die langgesponnenen: Reise- und Regenträume; endlich die geweckteren: vom nächsten Murmelspiel im Zoo, vom Sonntagsausflug. Der Frühling hißte hier die ersten Triebe vor einer grauen Rückfront; und wenn später im Jahr ein staubiges Laubdach tausendmal am Tage die Hauswand streifte, nahm das Schlürfen der Zweige mich in eine Lehre, der ich noch nicht gewachsen war. Denn alles wurde mir im Hof zum Wink. Wieviele Botschaften saßen nicht im Geplänkel grüner Rouleaux, die hochgezogen wurden, und wieviele Hiobsposten ließ ich klug im Poltern der Rolläden uneröffnet, die in der Dämmerung niederdonnerten.

Am tiefsten aber konnte mich die Stelle betreffen, wo der Baum im Hofe stand. Sie war im Pflaster ausgespart, in das ein breiter Eisenring versenkt war. Stäbe durchzogen ihn derart, daß er ein Gitter vorm nackten Erdreich bildete. Es schien mir nicht umsonst so eingefaßt; manchmal sann ich dem nach, was in der schwarzen Kute, aus der der Stamm kam, vorging. Später dehnte ich diese Forschung auf die Droschkenhaltestellen aus. Die Bäume dort wurzelten ähnlich, doch sie waren noch dazu umzäunt, und Kutscher hingen an die Umzäunung ihre Pelerinen, während sie für den Gaul das Pumpenbecken, welches ins Trottoir gesenkt war, mit dem Strahl füllten, der Heu- und Haferreste wegtrieb. Mir waren diese Warteplätze, deren Ruhe nur selten durch den Zuwachs oder

Abgang von Wagen unterbrochen wurde, entlegenere Provinzen meines Hofes.

Viel war an seinen Loggien abzulesen: der Versuch, der abendlichen Muße nachzuhängen; die Hoffnung, das Familienleben ins Grüne vorzuschieben; das Bestreben, den Sonntag ohne Rückstand auszuschöpfen. Aber am Ende war das alles eitel. Nichts lehrte der Zustand dieser eines überm anderen befindlichen Gevierte, als wieviel beschwerliche Geschäfte jeder Tag dem folgenden vererbte. Wäscheleinen liefen von einer Wand zur anderen; die Palme sah um so obdachloser aus, als längst nicht mehr der dunkle Erdteil, sondern der benachbarte Salon als ihre Heimat empfunden wurde. So wollte es das Gesetz des Ortes, um den einst die Träume der Bewohner gespielt hatten. Doch ehe er der Vergessenheit verfiel, hatte bisweilen die Kunst ihn zu verklären unternommen. Bald stahl sich eine Ampel, bald eine Bronze, bald eine Chinavase in sein Bereich. Und wenn auch diese Altertümer selten dem Orte Ehre machten, so gewann auf diesen Loggien der Zeitverlauf selbst etwas Altertümliches. Das pompejanische Rot, das sich so oft in breitem Bande an der Wand entlangzog, war der gegebene Hintergrund der Stunden, welche in dieser Abgeschiedenheit sich stauten. Die Zeit veraltete in diesen schattenreichen Gelassen, die sich auf die Höfe öffneten. Und eben darum war der Vormittag, wenn ich auf unserer Loggia auf ihn stieß, so lange schon Vormittag, daß er mehr er selbst schien als auf jedem anderen Fleck. So auch die ferneren Tageszeiten. Nie konnte ich sie hier erwarten; immer erwarteten sie mich bereits. Sie waren schon lange da, ja gleichsam aus der Mode, wenn ich sie endlich dort aufstöberte.

Später entdeckte ich vom Bahndamm aus die Höfe neu. Und wenn ich dann an schwülen Sommernachmittagen aus dem Abteil auf sie heruntersah, schien sich der Sommer in sie eingesperrt und von der Landschaft losgesagt zu haben. Und die Geranien, die mit roten Blüten aus ihren Kästen sahen, paßten weniger zu ihm als die roten Matratzen, die am Vormittag zum Lüften über den Brüstungen gehangen hatten. Abende, die auf solche Tage folgten, sahen uns – mich und meine Kameraden – manchmal am Tisch der Loggia versammelt. Eiserne Gartenmöbel, die geflochten oder von Schilf umwunden schienen, waren die Sitzgelegenheit. Und auf die Reclamhefte schien aus einem rot- und grüngeflammten Kelch, in dem der Strumpf summte, das Gaslicht nieder: Lesekränzchen. Romeos letzter Seufzer strich durch unsern Hof auf seiner Suche nach dem Echo, das ihm die Gruft der Julia in Bereitschaft hielt.

Seitdem ich Kind war, haben sich die Loggien weniger verändert als die anderen Räume. Doch nicht nur darum sind sie mir noch nah. Es ist vielmehr des Trostes wegen, der in ihrer Unbewohnbarkeit für den liegt, der selber nicht mehr recht zum Wohnen kommt. An ihnen hat die Behausung des Berliners ihre Grenze. Berlin – der Stadtgott selber – beginnt in ihnen. Er bleibt sich dort so gegenwärtig, daß nichts Flüchtiges sich neben ihm behauptet. In seinem Schutze finden Ort und Zeit zu sich und zueinander. Beide lagern sich hier zu seinen Füßen. Das Kind jedoch, das einmal mit im Bunde gewesen war, hält sich, von dieser Gruppe eingefaßt, auf seiner Loggia wie in einem längst ihm zugedachten Mausoleum auf.

Krumme Strasse

Das Märchen redet manchmal von Passagen und Galerien, die beiderseits mit Buden voller Lockung und Gefahr bestellt sind. Als Knabe war mir so ein Gang geläufig; er hieß die Krumme Straße. Wo sie den schärfsten Knick hat, lag ihr finsterstes Gelaß: das Schwimmbad mit seinen rotglasierten Ziegelmauern. Mehrmals die Woche wurde das Wasser im Bassin erneuert. Dann hieß es am Portal „Vorübergehend geschlossen“ und ich genoß eine Galgenfrist. Ich tat mich vor den Ladenfenstern um und nährte mein Geblüt aus einer Fülle von abgelebten Dingen in ihrer Hut. Dem Schwimmbad gegenüber lag eine Pfandleihe. Den Bürgersteig bedrängten Trödler mit ihrem Hausrat. Es war der Strich, auf dem auch die Monatsgarderoben zu Hause waren.

Wo die Krumme Straße im Westen auslief, gab es einen Laden für Schreibbedarf. Uneingeweihte Blicke in sein Fenster fingen sich an den billigen Nick-Carter-Heften. Ich wußte aber, wo ich im Hintergrunde die anstößigen Schriften zu suchen hatte. An dieser Stelle war kein Verkehr. Ich konnte lange durch die Scheibe starren, um erst bei Kontobüchern, Zirkeln und Oblaten mir ein Alibi zu schaffen, dann aber unvermittelt in den Schoß dieser papierenen Schöpfung vorzustoßen. Der Trieb errät, was sich am zähesten in uns erweisen wird; mit dem verschmilzt er. Rosetten und Lampions im Ladenfenster feierten das verfängliche Ereignis.

Nicht weit vom Schwimmbad lag der städtische Lesesaal. Mit seinen eisernen Emporen war er mir nicht zu hoch und nicht zu frostig. Ich witterte mein eigentliches Revier. Denn sein Geruch ging ihm voraus. Er wartete wie unter einer dünnen, bergenden Schicht unter dem feuchten, kalten, der mich im Stiegenhaus empfing. Ich stieß die Eisentür nur schüchtern auf. Doch kaum im Saal, begann die Stille meiner Kräfte sich anzunehmen.

Im Schwimmbad widerte mich der Stimmenlärm, der sich in das Brausen der Leitungen mischte, am meisten an. Er drang schon aus der Vorhalle, wo ein jedes die beinernen Bademarken erstehen mußte. Den Fuß über die Schwelle setzen bedeutete, von der Oberwelt Abschied nehmen. Danach bewahrte einen nichts mehr vor der überwölbten Wassermasse im Innern. Sie war der Sitz einer scheelen Göttin, die darauf aus war, uns an die Brust zu legen und aus den kalten Kammern uns zu tränken, bis dort oben nichts mehr an uns erinnern werde.

Im Winter brannte schon das Gas, wenn ich aus der Badeanstalt nach Hause ging. Das konnte mich nicht hindern, einen Umweg zu machen, der mich hinterrücks, als wollte ich sie auf frischer Tat ertappen, wieder auf meine Ecke führte. Auch in dem Laden brannte Licht. Ein Teil davon fiel auf die ausgestellte Ware und vermischte sich mit jenem der Laternen. In solchem Zwielicht verhieß das Schaufenster noch mehr als sonst. Denn nun verstärkte sich der Bann, den die auf Scherzpostkarten und Broschüren faßlich dargestellte Unzucht um mich legte, durch das Bewußtsein, mit der Tagesarbeit für heute Schluß gemacht zu haben. Was in mir vorging, konnte ich behutsam nach Hause unter meine Lampe tragen. Ja, noch das Bett geleitete mich oft zum Laden und zum Menschenstrom zurück, der durch die Krumme Straße geflutet war. Burschen begegneten mir, die mich stießen. Aber der Hochmut, den sie unterwegs in mir hervorgerufen hatten, kam nicht mehr auf. Der Schlaf gewann der Stille meines Zimmers ein Rauschen ab, das mich für das verhaßte der Badeanstalt in einem Augenblick entschädigt hatte.

Pfaueninsel und Glienicke

Der Sommer rückte mich an die Hohenzollern heran. In Potsdam waren es das Neue Palais und Sanssouci, Wildpark und Charlottenhof, in Babelsberg das Schloß und seine Gärten, die unseren Sommerwohnungen benachbart waren. Die Nähe dieser dynastischen Anlagen störte mich beim Spielen nie, indem ich mir die Gegend, die im Schatten der königlichen Bauten lag, zu eigen machte. Man hätte die Geschichte meiner Herrschaft schreiben können, die von meiner Investitur durch einen Sommertag bis zu dem Rückfall meines Reiches an den Spätherbst sich erstreckte. Auch ging mein Dasein ganz in Kämpfen um dieses Reich dahin. Sie hatten es mit keinem Gegenkaiser sondern mit dieser Erde selbst und mit den Geistern, welche sie gegen mich entbot, zu tun.

Es war an einem Nachmittage auf der Pfaueninsel, daß ich mir meine schwerste Niederlage holte. Man hatte mir gesagt, ich müsse dort im Grase mich nach Pfauenfedern umsehen. Wieviel verlockender erschien mir nun die Insel als Fundort so bezaubernder Trophäen. Doch als ich dann die Rasenplätze kreuz und quer vergeblich nach dem Versprochenen durchstöbert hatte, beschlich mich, mehr als Groll gegen die Tiere, die mit ihrem unversehrten Federschmuck vor den Volieren hin und her spazierten, Trauer. Funde sind Kindern, was Erwachsenen Siege. Ich hatte etwas gesucht, was mir die Insel ganz zu eigen gegeben, sie ausschließlich mir eröffnet hätte. Mit einer einzigen Feder hätte ich sie in Besitz genommen – nicht nur die Insel, auch den Nachmittag, die Überfahrt von Sakrow mit der Fähre, all dieses wäre erst mit meiner Feder mir ganz und unbestreitbar zugefallen. Die Insel war verloren und mit ihr ein zweites Vaterland: die Pfauenerde. Und nun erst las ich in den blanken Fenstern des Schloßhofs vorm Nachhausegehen die Schilder, welche der Glast der Sonne in sie schob: ich solle heute nicht ins Innere treten.

Wie damals mein Schmerz kein so untröstlicher gewesen wäre, hätte ich nicht mit einer Feder, welche mir entging, ein angestammtes Land verloren, wäre ein andermal die Seligkeit, radeln gelernt zu haben, nicht so groß gewesen, wenn ich nicht damit neue Territorien mir erobert hätte. Das war in einer jener asphaltierten Hallen, wo in der Modezeit des Radfahrsports die Kunst, die heut ein Kind vom andern lernt, so umständlich wie Autofahren unterrichtet wurde. Die Halle lag auf dem Land bei Glienicke; sie stammt aus einer Zeit, der Sport und Freiluft noch nicht unzertrennlich gewesen waren. Auch hatten sich die verschiedenen Arten des Trainings damals noch nicht gefunden. Eifersüchtig war jede einzelne darauf bedacht, durch eigene Räume und ein drastisches Kostüm sich von den übrigen zu unterscheiden.

Weiterhin war es dieser Frühzeit eigen, daß im Sport – zumal in dem, der hier getrieben wurde – die Exzentrizitäten tonangebend waren. Daher bewegten sich in dieser Halle neben den Herren-, Damen-, Kinderrädern modernere Gestelle, deren Vorderrad vier-, fünfmal größer als das hintere und deren luftiger Hochsitz das Gestühl von Akrobaten war, die ihre Nummer übten.

Badeanstalten weisen oft getrennte Bassins für Nichtschwimmer und Schwimmer auf; so konnte auch hier von einer Scheidung die Rede sein. Und zwar verlief sie zwischen denen, die auf dem Asphalt sich üben mußten, und den andern, die die Halle verlassen und im Garten radeln durften. Es dauerte eine Weile, bis ich in diese zweite Gruppe rückte. An einem schönen Sommertage aber entließ man mich ins Freie. Ich war betäubt. Der Weg ging über Kies; die Steinchen knirschten; zum ersten Male gab es keinen Schutz vor einer Sonne, die mich blendete. Der Asphalt war schattig, weglos und bequem gewesen. Hier aber lauerten Gefahren in jeder Kurve. Das Rad, obwohl es keinen Freilauf hatte und der Weg noch eben war, ging wie von selbst. Mir aber war, als hätte ich noch nie auf ihm gesessen. Ein eigener Wille begann in seiner Lenkstange sich anzumelden. Jeder Buckel war im Begriffe, mir mein Gleichgewicht zu rauben. Ich hatte längst verlernt zu fallen, aber nun geschah es, daß die Schwerkraft einen Anspruch, auf den sie jahrelang verzichtet hatte, geltend machte. Mit einmal sank, nach einer kleinen Steigung, der Weg unversehens ab, die Bodenwelle, die mich von ihrem Kamme gleiten ließ, zerstob vor meinem Gummireif zu einer Wolke von Staub und Kieseln, Zweige sausten mir im Vorübereilen ins Gesicht, und als ich alle Hoffnung, mich zu halten, schon fahren lassen wollte, winkte plötzlich die sanfte Schwelle vor der Einfahrt mir. Herzklopfend, aber mit dem ganzen Schwunge, den der eben zurückgelassene Abhang mir noch mitgegeben hatte, tauchte ich auf dem Rade in dem Schatten der Halle ein. Als ich absprang, war es mit der Gewißheit, daß für diesen Sommer Kohlhasenbrück mit seiner Bahnstation, der Griebnitzsee mit den gewölbten Lauben, die zu den Landungsstegen niedergleiten, Schloß Babelsberg mit seinen ernsten Zinnen und die duftenden Bauerngärten von Glienicke durch die Vermählung mit der Hügelwelle so mühelos in meinen Schoß gefallen seien wie Herzogtümer oder Königreiche durch Heirat an die kaiserliche Hausmacht.

Der Mond

Das Licht, welches vom Mond herunterfließt, gilt nicht dem Schauplatz unseres Tagesdaseins. Der Umkreis, den es zweifelhaft erhellt, scheint einer Gegen- oder Nebenerde zu gehören. Sie ist nicht mehr die, der der Mond als Satellit folgt, sondern die selbst in einen Mondtrabanten verwandelte. Ihr breiter Busen, deren Atemzug die Zeit war, rührt sich nicht mehr; endlich ist die Schöpfung heimgekehrt und darf nun wieder den Witwenschleier antun, den der Tag ihr fortgerissen hatte. Der blasse Strahl, der durch die Bretterjalousie zu mir hereindrang, gab mir das zu verstehen. Mein Schlaf fiel unruhig aus; der Mond zerschnitt ihn mit seinem Kommen und mit seinem Gehen. Wenn er im Zimmer stand und ich erwachte, so war ich ausquartiert, denn es schien niemand als ihn bei sich beherbergen zu wollen.

Das erste, worauf dann mein Blick fiel, waren die beiden cremefarbenen Becken des Waschgeschirrs. Bei Tage kam ich nie darauf, mich über sie aufzuhalten. Im Mondschein aber war das blaue Band, das durch den oberen Teil der Becken sich hindurchzog, ein Ärgernis. Es täuschte ein gewebtes vor, das sich durch einen Saum hindurchschlang. Und in der Tat – der Rand der Becken war gefältelt wie eine Krause. Behäbige Kannen standen in der Mitte der beiden, aus dem gleichen Porzellan, das gleiche Blumenmuster tragend. Wenn ich aus meinem Bett stieg, klirrten sie, und dieses Klirren pflanzte auf dem Marmorbelag des Waschtischs sich zu Schalen und Näpfen, Gläsern und Karaffen fort. So froh ich aber war, ein Lebenszeichen – sei es auch nur das Echo meines eigenen – der nächtlichen Umgebung abzulauschen, so war es doch ein unverläßliches und wartete darauf, als falscher Freund mich in dem Augenblick zu überlisten, in dem ich mich's am wenigsten versah. Das war, wenn ich die Hand mit der Karaffe erhob, um Wasser in ein Glas zu schenken. Das Glucksen dieses Wassers, das Geräusch, mit dem ich erst die Karaffe, dann das Glas abstellte – alles schlug an mein Ohr als Wiederholung. Denn alle Stellen jener Nebenerde, auf welche ich entrückt war, schien das Einst bereits besetzt zu halten. So kam mir jeder Laut und Augenblick als Doppelgänger seiner selbst entgegen. Und wenn ich das für eine Weile hatte über mich ergehen lassen, so näherte ich mich meinem Bette voller Furcht, mich selbst schon darin ausgestreckt zu finden.

Ganz legte sich die Angst erst, wenn ich wieder im Rücken die Matratze fühlte. Dann schlief ich ein. Das Mondlicht rückte langsam aus meiner Stube. Und oft lag sie bereits im Dunkeln, wenn ich ein zweites oder drittes Mal erwachte. Die Hand mußte als erste sich beherzen, über den Grabenrand des Schlafs zu tauchen, in dem sie Deckung vor dem Traum gefunden hatte. Und wie noch nach Gefechtsschluß einer manchmal von einem Blindgänger ereilt wird, blieb die Hand gewärtig, unterwegs verspätet einem Traum anheimzufallen. Wenn dann das Nachtlicht, flackernd, sie und mich beschwichtigt hatte, stellte sich heraus, daß von der Welt nichts mehr vorhanden war als eine einzige verstockte Frage. Mag sein, daß diese Frage in den Falten des Vorhangs saß, welcher vor meiner Tür, um die Geräusche abzuhalten, hing. Mag sein, sie war nichts als ein Rückstand vieler vergangener Nächte. Endlich mag es sein, daß sie die andere Seite des Befremdens war, das der Mond in mir verbreitet hatte. Sie lautete: warum denn etwas auf der Welt, warum die Welt sei? Mit Staunen stieß ich darauf, nichts in ihr könne mich nötigen, die Welt zu denken. Ihr Nichtsein wäre mir um keinen Deut fragwürdiger vorgekommen als ihr Sein, welches dem Nichtsein zuzublinzeln schien. Der Mond hatte ein leichtes Spiel mit diesem Sein.

Die Kindheit lag schon beinahe hinter mir, da endlich schien er gewillt, den Anspruch auf die Erde, den er sonst nur bei Nacht erhoben hatte, vor ihrem Tagesantlitz anzumelden. Hoch überm Horizont, groß, aber blaß, stand er am Himmel eines Traumes über den Straßen von Berlin. Es war noch hell. Die meinigen umgaben mich, ein wenig starr, wie auf einer Daguerreotypie. Nur meine

Schwester fehlte. „Wo ist Dora?“ hörte ich meine Mutter rufen. Der Mond, der voll am Himmel gestanden hatte, war plötzlich immer schneller angewachsen. Näher und näher kommend, riß er den Planeten auseinander. Das Geländer des eisernen Balkons, auf dem wir alle über der Straße Platz genommen hatten, zerfiel in Stücken, und die Leiber, die ihn bevölkert hatten, bröckelten geschwind nach allen Seiten auseinander. Der Trichter, den der Mond im Kommen bildete, sog alles in sich ein. Nichts konnte hoffen, unverwandelt durch ihn hindurchzugehen. „Wenn es jetzt Schmerz gibt, gibt es keinen Gott“, hörte ich mich erkennen, und sammelte zugleich, was ich hinübernehmen wollte. Alles tat ich in einen Vers. Er war mein Abschied. „O Stern und Blume, Geist und Kleid, Lieb, Leid und Zeit und Ewigkeit!“ Jedoch, indem ich diesen Worten mich anheimzugeben suchte, war ich schon erwacht. Und nun erst schien das Grauen, mit dem eben der Mond mich überzogen hatte, sich auf ewig, trostlos, bei mir einzunisten. Denn dies Erwachen steckte nicht, wie andere, dem Traum sein Ziel, sondern verriet mir, daß es ihm entgangen und das Regiment des Mondes, welches ich als Kind erfahren hatte, für eine weitere Weltzeit gescheitert war.

Das bucklichte Männlein

Solange ich klein war, sah ich beim Spazierengehen gern durch jene waagerechten Gatter, die auch dann erlaubten, vor einem Schaufenster sich aufzustellen, wenn gerade unter ihm ein Schacht sich auftat, welcher dazu diente, mit etwas Licht und Luft die Kellerluken, die in der Tiefe sich befanden, zu versorgen. Die Luken gingen kaum ins Freie, sondern eher ins Unterirdische. Daher die Neugier, mit der ich durch die Stäbe jedes Gatters, auf dem ich gerade fußte, niedersah, um aus dem Souterrain den Anblick eines Kanarienvogels, einer Lampe oder eines Bewohners mit davonzutragen. Es war nicht immer möglich. Wenn ich aber bei Tage dem vergebens nachgetrachtet hatte, so konnte es geschehen, daß sich nachts der Spieß umkehrte und ich selbst im Traum dingfest gemacht wurde von Blicken, die aus solchen Kellerlöchern nach mir zielten. Gnomen mit spitzen Mützen warfen sie. Doch kaum war ich vor ihnen bis ins Mark erschrocken, waren sie schon wieder fort.

Nicht streng geschieden war für mich die Welt, welche bei Tage diese Fenster bevölkerte, von der, die nachts dort auf der Lauer lag, um mich in meinem Traum zu überfallen. Ich wußte darum gleich, woran ich war, als ich in meinem „Deutschen Kinderbuch" von Georg Scherer auf die Stelle stieß: „Will ich in mein Keller gehn / Will mein Weinlein zapfen; / Steht ein bucklicht Männlein da, / Tät mir 'n Krug wegschnappen." Ich kannte jene Sippe, die auf Schaden und Schabernack versessen war, und daß sie sich im Keller zu Hause fühlte, war nicht wunderlich. „Lumpengesindel" war es. Und gleich erinnerte ich mich der Nachtgesellen, die, so spät, draußen zum Hühnchen und zum Hähnchen stoßen: der Nähnadel sowie der Stecknadel, die beide rufen, „es würde gleich stichdunkel werden". Was sie sodann am Wirt, der sie des Nachts aufnahm, verübten, dünkte sie wohl nur ein Spaß. Mich aber grauste es. Von ihrem Schlage war der Bucklige. Doch kam er mir nicht näher. Erst heute weiß ich, wie er geheißen hat. Meine Mutter verriet mir's, ohne es zu wissen. „Ungeschickt läßt grüßen“, sagte sie mir immer, wenn ich etwas zerbrochen hatte oder hingefallen war. Und nun verstehe ich, wovon sie sprach. Sie sprach vom bucklichten Männlein, welches mich angesehen hatte. Wen dieses Männlein ansieht, gibt nicht acht. Nicht auf sich selbst und auf das Männlein auch nicht. Er steht verstört vor einem Scherbenhaufen: „Will ich in mein Küchel gehn, / Will mein Süpplein kochen; / Steht ein bucklicht Männlein da, / Hat mein Töpflein brochen.“

Wo es erschien, da hatte ich das Nachsehn. Ein Nachsehn, dem die Dinge sich entzogen, bis aus dem Garten übers Jahr ein Gärtlein, ein Kämmerlein aus meiner Kammer und ein Bänklein aus der Bank geworden war. Sie schrumpften, und es war, als wüchse ihnen ein Buckel, der sie selber nun der Welt des Männleins für sehr lange einverleibte. Das Männlein kam mir überall zuvor. Zuvorkommend stellte sich's in den Weg. Doch sonst tat er mir nichts, der graue Vogt, als von jedwedem Ding, an das ich kam, den Halbpart des Vergessens einzutreiben: „Will ich in mein Stüblein gehn, / Will mein Müslein essen: / Steht ein bucklicht Männlein da, / Hat's schon halber 'gessen.“ So stand das Männlein oft. Allein, ich habe es nie gesehn. Es sah nur immer mich. Und desto schärfer, je weniger ich von mir selber sah.

Ich denke mir, daß jenes „ganze Leben“, von dem man sich erzählt, daß es vorm Blick der Sterbenden vorbeizieht, aus solchen Bildern sich zusammensetzt, wie sie das Männlein von uns allen hat. Sie flitzen rasch vorbei wie jene Blätter der straff gebundenen Büchlein, die einmal Vorläufer unserer Kinematographen waren. Mit leisem

Druck bewegte sich der Daumen an ihrer Schnittfläche entlang; dann wurden sekundenweise Bilder sichtbar, die sich voneinander fast nicht unterschieden. In ihrem flüchtigen Ablauf ließen sie den Boxer bei der Arbeit und den Schwimmer, wie er mit seinen Wellen kämpft, erkennen. Das Männlein hat die Bilder auch von mir. Es sah mich im Versteck und vor dem Zwinger des Fischotters, am Wintermorgen und vor dem Telephon im Hinterflur, am Brauhausberge mit den Faltern und auf meiner Eisbahn bei der Blechmusik, vorm Nähkasten und über meinem Schubfach, im Blumeshof und wenn ich krank zu Bett lag, in Glienicke und auf der Bahnstation. Jetzt hat es seine Arbeit hinter sich. Doch seine Stimme, welche an das Summen des Gasstrumpfs anklingt, wispert über die Jahrhundertschwelle mir die Worte nach: „Liebes Kindlein, ach, ich bitt, / Bet fürs bucklicht Männlein mit.“